Nueve novísimos poetas españoles

AF875306

Contemporánea
Poesía

Biografía

J. M. Castellet (Barcelona, 1926–2014) fue crítico literario, editor, ensayista y antólogo, y uno de los personajes más influyentes de la vida cultural española de la segunda mitad del siglo XX. Fue director literario de Edicions 62 entre 1964 y 1996 y recibió distinciones como el Premio Nacional de Cultura de Cataluña o el Premio Nacional de las Letras Españolas. Entre sus obras publicadas en castellano destacan, además de *Nueve novísimos poetas españoles*, *Notas sobre literatura española contemporánea*, *La hora del lector*, *Veinte años de poesía española (1939-1959)*, *Iniciación a la poesía de Salvador Espriu*, *Josep Pla o la razón narrativa*, *Literatura*, *ideología y política*, *La cultura y las culturas*, *Seductores*, *ilustrados y visionarios* y *Los escenarios de la memoria*.

J. M.
CASTELLET

NUEVE NOVÍSIMOS POETAS ESPAÑOLES

AUSTRAL

PENÍNSULA

PEFC Certificado

Este libro procede de bosques gestionados de forma sostenible

PEFC

PEFC/14-38-00305

www.pefc.es

La lectura abre horizontes, iguala oportunidades y construye una sociedad mejor.
La propiedad intelectual es clave en la creación de contenidos culturales porque sostiene el ecosistema de quienes escriben y de nuestras librerías.
Al comprar este libro estarás contribuyendo a mantener dicho ecosistema vivo y en crecimiento.
En **Grupo Planeta** agradecemos que nos ayudes a apoyar así la autonomía creativa de autoras y autores para que puedan seguir desempeñando su labor.
Dirígete a CEDRO (Centro Español de Derechos Reprográficos) si necesitas fotocopiar o escanear algún fragmento de esta obra. Puedes contactar con CEDRO a través de la web www.conlicencia.com o por teléfono en el 91 702 19 70 / 93 272 04 47

La primera edición de esta obra fue publicada en Barral Editores en 1970

© de la selección y el prólogo: Josep Maria Castellet, 1970 y herederos de Josep Maria Castellet
© de las poéticas y los poemas: José María Álvarez, Guillermo Carnero, Félix de Azúa, Pere Gimferrer, herederos de Antonio Martínez Sarrión, Vicente Molina Foix, herederos de Ana María Moix, herederos de Leopoldo María Panero y herederos de Manuel Vázquez Montalbán, 1970
© de los textos del apéndice sentimental: José María Álvarez, Guillermo Carnero, Félix de Azúa, Pere Gimferrer, herederos de Antonio Martínez Sarrión, Vicente Molina Foix, herederos de Ana María Moix, herederos de Leopoldo María Panero y herederos de Manuel Vázquez Montalbán, 2006

© de esta edición: Edicions 62, S. A., 2001, 2006
Ediciones Península,
Avda. Diagonal, 662-664
08034 Barcelona
edicionespeninsula@planeta.es
www.edicionespeninsula.com

Diseño de la colección: Compañía
Adaptación de la cubierta: Austral / Área Editorial Grupo Planeta
Ilustración de la cubierta: © Sarah Jarrett / Arcangel
Primera edición en Austral: enero de 2024

Depósito legal: B. 19.015-2023
ISBN: 978-84-1100-222-6
Impresión y encuadernación: CPI Black Print
Printed in Spain - Impreso en España

CONTENIDO

NOTA EDITORIAL (2006)

En la literatura castellana del siglo XX, *Nueve novísimos poetas españoles* no es la única antología que ha servido para fechar la eclosión de una nueva generación poética, pero sí es, sin duda, la más discutida. Ya había empezado a ser polémica algunos meses antes de aparecer, cuando se difundió la noticia de su próxima publicación; la distribución del volumen, en abril de 1970, fue saludada por un coro de voces más o menos amistosas con el antólogo y con los antologados, y también por algún alarido de escándalo. Muy pronto los ecos de la polémica se escucharon más allá de nuestras fronteras, y se habló de los *Nueve novísimos* en la prensa hispanoamericana y también en reputados periódicos de Londres, Bruselas, París o Roma. Después, con el tiempo, la antología accedió al rango de objeto de estudio académico, y en calidad de tal viene siendo periódicamente revisitada en simposios, seminarios y otros foros; pero esa ya es otra historia.

La reedición publicada por Ediciones Península a finales de 2001, hoy agotada, sirvió para que los autores pudieran corregir las erratas y restituir los fragmentos censurados. También sirvió, en otro orden de cosas, para juntar, en una fotografía de familia histórica e irrepetible, a los novísimos con J. M. Castellet, siguiendo el camino de la mitificación de un libro que ya era historia.

El apéndice documental ("La crítica") recoge fragmentos de algunos de los artículos que contribuyeron a hacer de *Nueve novísimos poetas españoles*, en el momento de su aparición, un verdadero acontecimiento cultural. A esos fragmentos críticos se añade la transcripción íntegra de dos cartas dirigidas al autor por Emilio Alarcos (1922-1988) y por Franco Fortini (1917-1994), así como la reproducción del documento remitido por el censor del Ministerio de Información y Turismo al editor original de la obra. El conjunto de textos, todos ellos escritos entre diciembre de 1969 y febrero de 1971, no pretende más que dar testimonio de lo que significó, en la sociedad literaria española de treinta años atrás, la aparición de la antología de J. M. Castellet.

El apéndice sentimental («Hablan los novísimos») recoge, a petición de los editores, nueve textos de homenaje con motivo de la reedición del libro y del 80 aniversario de Castellet. Todas las contribuciones son rigurosamente inéditas y están escritos para la ocasión, salvo en el caso de Manuel Vázquez Montalbán, muerto en 2003, de quien hemos recuperado el texto que escribiera para J. M. Castellet en su 70 cumpleaños.

10 de octubre de 2006.

Este libro debería estar dedicado a Pedro Gimferrer, que me ha ayudado considerablemente en su elaboración. Pero como sé que no le importa, lo dedico a Ana María Moix, una debilidad senil. Y también a Aretha Franklin y a Julie Driscoll, que me han acompañado durante la redacción del prólogo y el montaje de la antología. Y a Isabel, que lo ha soportado todo con divertida resignación.

Con un recuerdo especial a Mae West, de quien Cari Mirete me proporcionó un disco que ha sido la auténtica nota *camp* de todo el tinglado.

JUSTIFICACIÓN

Cómo me hubiera gustado volver atrás... tener veinticinco años, haber heredado el mundo entero y estar lleno de fe y alegría.

FRANCIS SCOTT FITZGERALD

Dedicado en los últimos años al estudio de algunos aspectos de la poesía en lengua catalana, al volver a ocuparme de la castellana se me ha hecho evidente la aparición, en el entretiempo, de un grupo generacional de jóvenes poetas que han aportado algunas novedades y he sentido la curiosidad de averiguar y ordenar, en la medida de lo posible, los supuestos en los que han basado su tentativa y los objetivos que se han propuesto.

El haber intentado lo mismo con respecto a los poetas de la posguerra en *Veinte años de poesía española*—más tarde, con algunas correcciones y añadidos, *Un cuarto de siglo de poesía española*—me incitaba a ello, y no sólo por el hecho en sí, sino también porque esa antología había constituido, en cierto modo, un manifiesto generacional de cuyos postulados los más jóvenes poetas disienten radicalmente. Tan radicalmente, que no me ha parecido oportuno darles entrada en una nueva edición de mi libro: el bloque de la poesía española de la posguerra, a través de modos y estilos o de modas y formas distintas, había mantenido una cierta coherencia a lo largo de casi veinticinco años, coherencia que a mi entender se explicaba, en parte al menos, por factores sociopolíticos derivados del trauma y de las consecuencias de la guerra civil. Por el contrario, los planteamientos de los jóvenes poetas ni tan siquiera son básicamente polémicos con respecto a los de las generaciones anteriores: se diría que se ha producido una ruptura sin discusión, tan distintos parecen los lenguajes empleados y los temas objeto de interés. En todo caso, ha podido verse, después, que dichos planteamientos son sólo parcialmente nuevos, por cuanto en algunos aspectos consisten, precisamente, en una tentativa de revivir ciertas concepciones de la poesía —incluso contradictorias entre sí—que habían sido olvidadas o combatidas por los poetas anteriores.

He de confesar que los meses que he dedicado a la preparación de la presente antología han sido especialmente estimulantes. La necesidad de obtener textos inéditos me ha llevado a conocer personalmente a la mayor parte de los poetas seleccionados y a discutir con ellos los supuestos de su poesía. En este sentido, si los poemas no fueran suficientes, las poéticas que los acompañan son, en cambio, bastante explícitas para ver hasta qué punto el cambio producido en la poesía castellana desde hace unos pocos años es radical. Este cambio—o, mejor, como veremos, esa ruptura—obedece a motivos muy diversos, pero convergentes. Páginas más adelante hablaremos de los cambios estrictamente literarios. Pero no quiero dejar de mencionar aquí dos hechos históricos que me parecen importantes: en primer lugar, que todos los poetas que aparecen en esta antología han nacido a partir de 1939, es decir, que nada puede despertar en ellos ningún recuerdo personal de la guerra civil, hecho que marcó decisivamente a las generaciones anteriores; en segundo lugar, que cronológicamente pertenecen a la generación que en todo el mundo es protagonista del fenómeno conocido por «la revolución de los jóvenes». Quiero señalar con ello que bastarían estos dos hechos, que no es preciso analizar detalladamente en estas páginas, para justificar el cambio—aunque quizás no la ruptura—y que este cambio había de ser forzosamente radical. En todo caso, esas consideraciones han pesado notablemente en la decisión de elaborar la presente antología, la cual, sin embargo, conlleva unas limitaciones que conviene conocer antes de empezar su lectura.

En primer lugar, éste no es un libro basado en los criterios habituales de las antologías de «gusto»: quiero decir que los criterios seguidos en la elección de los poemas—e incluso en la de los poetas—se han basado en la intención de mostrar la aparición de un nuevo tipo de poesía cuya tentativa es, precisamente, la de contraponerse—o ignorar—a la poesía anterior. Por consiguiente, sólo he tenido en cuenta, en el momento de la selección, a los poetas que me han parecido más representativos *de la ruptura,* descartando conscientemente a una serie de estimables poetas de la misma generación que, por unos u otros motivos, no parecen haberse propuesto la misma tentativa.

En segundo lugar, por razones derivadas especialmente de la edad de los poetas considerados, la presente antología no puede pretender incluir a *todos* los poetas de la ruptura. Buena parte de mi trabajo ha consistido en una especie de labor de investigación para descubrir poetas prácticamente inéditos—o con un solo libro publicado—, lo que reduce considerablemente el alcance de la selección, a la vez que, en otro sentido, la enriquece por la publicación de una elevada cantidad de materiales inéditos.

Finalmente, el prólogo que precede a la antología propiamente dicha pretende estar desprovisto de todo afán de dogmatismo o profetismo respecto a las que parecen ser nuevas tendencias de la joven poesía castellana y a su futuro. Nadie que las conozca puede dudar que mis experiencias anteriores de antólogo me obligan a moverme con cautela, cosa que confieso con toda la ironía posible.

Dicho esto, sólo quisiera añadir que si esta antología

muestra una cierta simpatía por los poetas más jóvenes, en nada modifica mi interés y afección hacia los poetas anteriores: unos y otros reflejan distintos momentos históricos. En cierto modo mi oficio me obliga, a lo largo del tiempo, a dar testimonio de la volubilidad de los fenómenos estéticos, es decir, de su relativa autonomía frente a los procesos cambiantes de la historia, de la que son reflejo y «contestación», a la vez, las obras de los mejores escritores.

PRÓLOGO

No somos más que una generación que está rompiendo todos los vínculos que la unían a otras distinguidas generaciones.

FRANCIS SCOTT FITZGERALD

1
UNA NUEVA SENSIBILIDAD

La herencia que ha recibido la generación joven ha sido un montón de escombros: además de ciudades, de ideologías; y la fe de los padres (la genuina y la fingida) se ha convertido en una humareda de grandilocuencia...

ERNST FISCHER

Recuerda Manuel Vázquez Montalbán[1] unas palabras de Antonio Machado en su fallido discurso de ingreso en la Academia de la Lengua—por aquel entonces ya no *Real* como la califica M. V. M., en un lapsus hijo de las actuales circunstancias—, en las que dice que cuando una «pesadilla estética» se hace insoportable es señal inequívoca de que se anuncia un cambio. Bien, lo menos que puede decirse es que, en un momento dado (que se sitúa alrededor de 1962), los postulados teóricos del «realismo» empiezan a convertirse en pesadilla para muchos, incluidos algunos miembros de la generación que con más virulencia los predicó: a partir de este año, más o menos, la generación del «realismo» entra en crisis y se producen abandonos y deserciones que coinciden, en general, con los casos de escritores menos valiosos, quizás aquellos que habían creído que escribir consistía en aplicar unos esquemas previos que, sea dicho de paso, algunos de nosotros habíamos trasladado bastante mecánicamente desde experiencias foráneas al empobrecido panorama español de la posguerra.

Y, sin embargo, creo que algunos planteamientos—los más elaborados desde la propia perspectiva española—

1. «Experimentalismo, vanguardia y neocapitalismo», en *Reflexiones ante el neocapitalismo*. Ediciones de cultura popular. Barcelona, 1968.

eran válidos y, en algún sentido, lo son todavía. Por otra parte, el desinterés o la injusticia con que han sido considerados, posteriormente, muchos autores y obras de los años 50—al que ha contribuido un estado de opinión, en parte provocado por el derrotismo masoquista de ellos mismos—, no demuestran sino que se puede producir, entre los más jóvenes, un fenómeno de dogmatismo *à rebours*, equiparable—en su ignorancia del funcionamiento de los procesos culturales y de los condicionamientos históricos de los mismos—al de quienes predicaban, desde la otra generación, un determinismo mecánico que vaciaba a la literatura de su inalienable carácter de experimentación creadora.

No todos los miembros de la nueva generación comparten esos juicios tan desfavorables: el citado trabajo de Vázquez Montalbán y algunos fragmentos de las poéticas incluidas en este libro muestran una notable comprensión del desarrollo histórico de los hechos. Lo que sí es innegable es que la «pesadilla estética» anunciaba un cambio y que éste se ha producido más como ruptura que como evolución. La evolución, en todo caso, se estaba produciendo dentro de la generación incriminada: en novela, por ejemplo, la publicación de «Tiempo de silencio», de Luis Martín-Santos (1962), las últimas obras de Juan Goytisolo o la tardía aparición de Juan Benet, nos pueden dar la medida de cómo la «pesadilla» ha operado liberadoramente dentro de la misma generación. Y, en poesía, la «evolución» no era más que un proceso natural entre los mejores poetas.

La voluntad de ruptura, en cambio, procedía de gente muy joven, nombres que en los primeros años 60 eran totalmente desconocidos o que, quizás, nos sonaban como autores de algunos artículos, especialmente sobre cine, y a quienes avizorábamos en algunos actos culturales con una expresión entre tímida e irónicamente desafiante frente a sus mayores.

Ahora bien, es imposible comprender el sentido de la ruptura con la generación anterior si nos limitamos a las habituales consideraciones de conflicto generacional, de revuelta contra los padres o, incluso, simplemente, al cansancio producido por unos postulados estéticos cuyo ciclo histórico ha periclitado. En la Justificación, he mencionado dos hechos sociológico-políticos que ayudan a la configuración del grupo generacional más joven. Cabría ahora, además, mencionar el cambio de gusto literario sobre la base de la evolución de la *moda* en las lecturas, las resurrecciones de autores olvidados—hecho característico de cada generación—, el afán más o menos *snob* de novedad que exige la necesidad de afirmar una personalidad en agraz, etc. Pero aunque el análisis de cada uno de estos hechos nos acercaría a la comprensión de algunos aspectos del cambio, ninguno de ellos nos llevaría a la conclusión de la ruptura—bien es cierto que nunca absoluta—generacional.

Por ello, las bases de la ruptura hay que buscarlas, entre otros factores extraliterarios, en los supuestos socioculturales que intervienen en la formación—y en la educación sentimental—de la nueva generación. Porque, aunque algo desfasado respecto a los de otras sociedades occidentales, el grupo generacional al que nos estamos refiriendo es, en España, el primero que se forma íntegramente desde unos supuestos que no son los del «humanismo literario», básico en la formación de las generaciones precedentes, sino los de los *mass media*, aunque en un medio histórico, político y sociológico distinto del de los equivalentes extranjeros.

La creación de una nueva sensibilidad, de la que nos

han dado testimonio teórico desde Marshall McLuhan hasta Umberto Eco, tiene en el ámbito peninsular unas peculiaridades propias, que podríamos resumir diciendo que, mientras en los países occidentales más próximos el cambio se produce de forma gradual por la coexistencia del humanismo literario y una polémica ideológica abierta y libre con la creciente presión de los medios de comunicación de masas, en la España de los últimos años cincuenta y los primeros sesenta, huérfana de una información cultural completa y de la polémica ideológica que ha tenido lugar en las democracias liberales, se impone un tipo de cultura basada en unos *mass media* de muy baja calidad, pero que por lo mismo obtienen un enraizamiento popular de considerable extensión demográfica (radio, TV, publicidad, prensa, revistas ilustradas, canciones, tebeos, fotonovelas, etc., a un mero nivel de cultura futbolística). Se trata de una cultura popular alienadora por alienada, pero prácticamente la única existente—y quizás la única real—dada la también baja calidad de la cultura considerada aristocrática y de la ausencia de vanguardias estéticas, bloqueada su aparición por las presiones ideológicas de algunos de los grupos dominantes en la época. Por otro lado, estos grupos, ideológicamente partidarios de una revolución que acercara la cultura a las masas, ignoraban voluntariamente el fenómeno de la existencia de una cultura popular—tan vulgar como se quiera, pero viva, operante e influyente—y se dedicaban a la especulación polémica sobre si lo que más convenía al pueblo era una vuelta al folklore—fiel guardián de las genuinas esencias de una sociedad agraria—o la implantación, es un ejemplo, de las teorías didáctico-distanciadoras brechtianas.

Entretanto, pues, se estaba formando una nueva sensibilidad, ignorada por la mayor parte de los escritores, en cuya elaboración intervenían, paralelamente con los programadores de una información deformadora y alienante, los equivalentes españoles de los que Susan Sontag llama «determinados pintores, escultores, arquitectos, planificadores sociales, cineastas, técnicos de televisión, neurólogos, músicos, ingenieros de electrónica, bailarines, filósofos y sociólogos. (Unos pocos poetas y escritores en prosa podrán incluirse)».[1]

En todo caso, la nueva generación, consciente o inconscientemente—esto es lo de menos—se formaba más que en contra, de espaldas a sus mayores. Y ahí residía no la polémica, sino la ruptura que había de traducirse en las obras que, de pronto, en una modesta aunque sorprendente irrupción, rompían una continuidad de tradición de la palabra escrita.

En esta historia, tan rigurosamente contemporánea, habría que considerar múltiples factores, todavía extraliterarios. Por ejemplo, el vacilante despegue económico; la tentativa de acercamiento a Europa; la tímida, pero efectiva, evolución de las costumbres; la Ley de prensa de 1966; las polémicas «sindical» y «asociacionista»; la explosión universitaria; la crisis del clero; la ascendente preponderancia cultural pequeño-vanguardista de una Barcelona amilanesada y con capacidad para soportar dos culturas lingüísticas diferenciadas; etc.

De toda esa complicada confusión de los años 60, surge quizás la doble interpretación que la nueva generación dará de su educación sentimental, de su formación ajena al viejo humanismo.

1. *Contra la interpretación.* Seix Barral. Barcelona, 1969.

2

DE YVONNE DE CARLO A ERNESTO GUEVARA

El mito es un habla *despolitizada.*

ROLAND BARTHES

El camp *es un tierno sentimiento.*

SUSAN SONTAG

Frente al relato titulado *Màrius Byron,*[1] Terenci Moix antepone una «nota imprescindible» en la que desaconseja su lectura a quienes hayan nacido antes de 1942, es decir, a aquellos lectores en cuya formación cultural no han entrado elementos tan dispares como la poesía victoriana; las películas americanas de la Fox, la Metro y la Universal de las décadas de los 40 y 50; las canciones de Conchita Piquer, de Ana María González, de Juanito Segarra y de Jorge Sepúlveda; los tebeos: *Superman, Flash Gordon,* «El guerrero del antifaz» y «Pulgarcito»; las comedias musicales americanas como *My Fair Lady, Camelot, Kismet*; etc. La impertinencia de Moix es, en todo caso, muy significativa por cuanto—rigurosamente autobiográfica—representa una de las primeras confesiones generacionales en las que la literatura queda prácticamente eliminada de la formación cultural de un escritor: a su lista—que he transcrito incompleta—añade solamente como libros, la *Atlántida,* de Benoit; las novelas de Agatha Christie y de P. C. Wren y la *Ligeia,* de Poe, pero aún, en este último caso, añade: «... pensando en Barbara Steele». Claro está que Moix, como cualquier otro de los escritores de su edad, ha leído mucho

1. *La torre dels vicis capitals.* Editorial Selecta. Barcelona, 1968.

más de lo que confiesa,[1] pero también es cierto que—como hemos dicho ya—el peso decisivo de su formación estética parte de la base que le ha sido proporcionada a través de los medios de información de masas—y en unos años muy difíciles de la historia de España, hecho que importa mucho no olvidar, como muy claramente se desprende también de la serie de artículos de Vázquez Montalbán, publicados en la revista «Triunfo», bajo el título de «Crónica sentimental de España».

Precisamente, ha sido Vázquez Montalbán quien reiteradamente ha intentado explicar—de un modo descriptivo, a veces, y con ambición teórica, otras—cómo hay que comprender el cambio de mentalidad producido en los últimos años, a causa de la difusión de una cultura popular históricamente definible por los *media* y políticamente cualificable en la España de la posguerra. Quiero decir aquí que su visión de los hechos me parece, en general, inteligente y ajustada a la realidad. Pero sus ideas coinciden sólo parcialmente con las de los poetas de su generación y es necesario precisarlo para comprender la doble interpretación a la que más adelante nos referimos, que esos poetas dan de su formación o, si se quiere, como decíamos antes, de su educación sentimental.

Observará el lector, páginas adelante, que hemos dividido la parte antológica de este libro en dos secciones, tituladas respectivamente «Los seniors» y «La coqueluche». Los *seniors* son, evidentemente, los poetas cronológicamente mayores, pero también aquellos en quienes la «ruptura» se produce, en cierto modo, a partir de los supuestos anteriores: ellos son los que sufren realmente la «pesadilla estéti-

1. Véase en la parte antológica de este libro, la «poética» de su hermana Ana María.

ca» y los que, de un modo u otro, se han visto obligados a plantearse la elaboración teórica de la ruptura: las frecuentes citas que estoy haciendo en este prólogo de textos de Vázquez Montalbán y la extensa y razonada poética de Martínez Sarrión que encontraremos más adelante, no son hechos casuales. Finalmente, su misma vivencia de los planteamientos ideológicos, con las violencias morales y las deformaciones intelectuales que imponían los condicionamientos objetivos del momento, fue, ha sido o es, todavía, mucho más dramática—incluso biográficamente—que la de los más jóvenes, vivida con un cierto aire de aventura universitaria, en los últimos años. Se trata, en definitiva, de dos actitudes condicionadas, esencialmente, por la evolución de las circunstancias.

Los poetas de la *coqueluche*—denominación cariñosa dada por alguno de sus mayores a la irrupción de un grupo de jóvenes tan irritantes como una enfermedad infantil y tan provocativos e insolentes, en poesía, como puede serlo un adolescente con ganas de divertirse a costa de un grupo de venerables ancianas, además encabezados por la precocidad insultante de Pedro Gimferrer—, los poetas de la *coqueluche*, digo, aparecen en escena como si en cierto modo llegaran para descubrirnos, precisamente, la poesía, género literario que había dejado de practicarse en España desde tiempo inmemorial, aunque lleguen a admitir alguna que otra excepción, quién sabe por qué extraño arrebato de generosidad.

Claro está que esta versión de los hechos es un tanto esquemática, pero, en los apartados siguientes, veremos que responde, por lo menos, a unas actitudes tendenciales netamente diferenciadas. Y ahora mismo podremos ver que, a partir de su educación sentimental y de su formación intelectual se manifiestan ya las que me parecen ser las líneas esenciales divergentes: por ejemplo, la que acepta el *camp*[1] por lo que significa de democratización de la cultura a través de las mitologías creadas por los *mass media*—Vázquez Montalbán—y la que, más que aceptarlo, participa en él con toda autenticidad, pero por lo que el *camp* representa de innovación en un mundo hecho de referencias estéticas voluntariamente artificiosas—Gimferrer.

En este sentido, podríamos hablar más que de líneas divergentes desde un principio, de caminos que se entrecruzan constantemente y que, finalmente, se separan. Y no sólo se separan, sino que se contraponen: pero aquí tendríamos que referirnos a las mitologías de la nueva generación, uno de los temas centrales del discurso que nos hemos propuesto.

La cultura de los medios de información de masas presupone, en una sociedad alienada—y todas lo son, las del Este y las del Oeste, mientras no se demuestre lo contrario—, la creación constante de mitos, no sólo por su poder de alcanzar a millones de personas de una manera prácticamente simultánea a la eclosión de los sucesos objeto de información, sino porque el impacto sugestivo del mito sigue siendo un eficaz instrumento de paralización de la imaginación creadora de los individuos y las colectividades y esto es utilizado siempre por los detentadores del poder. [Ni qué decir tiene que la mitificación alcanza por igual a futbolistas (Kubala y Di Stéfano, en España) y a políticos (Moshe Dayan y Che Guevara, *posters* de los cuales he visto exhibidos, uno al lado del otro, en el extranjero); a artistas de cine (Elizabeth Taylor y Richard Burton) e incluso a cierto tipo de intelectuales (Bertrand Russell, en Inglate-

1. Véase el artículo de Susan Sontag sobre el tema en *Contra la interpretación*, op. cit.

rra, o Allen Ginsberg, en los Estados Unidos), por no hablar de la grotesca mitificación de determinados personajes de las Casas Reales].

Nos encontramos, pues, en una época esencialmente *mítica*, mitificadora. Pero a diferencia de las eras en las que la no existencia de los medios de información de las masas confería al mito el poder de dar un sentido al universo, actualmente el mito ha resultado ser un instrumento para limitar conservadoramente el pensamiento, es decir, una estrategia de evasión.

Ahora bien, como dice Roland Barthes[1] el mito se ha convertido hoy en un «habla» (*parole*), es decir, en un mensaje. No es un concepto, un objeto o una idea: es un modo de significación, una forma. Y, por lo tanto, la ciencia de los mitos se convierte en una semiología—esa vasta ciencia de los signos que Saussure postuló hace más de cincuenta años—con lo cual nos encontramos en seguida ante el problema de la significación de los mitos. Sólo que el lenguaje de los mitos creados por los *mass media* es una meta-lenguaje, que forma parte de un sistema semiológico secundario, porque se edifica a partir de una cadena semiológica anterior: el mito convierte la historia—su origen—en naturaleza, en objeto. Por definición, se trata de un valor que no exige la sanción de la verdad. En consecuencia, el mito acaba presentándose desnudo: no esconde nada, no es una mentira ni una confesión, se muestra como ahistórico y apolítico y adquiere un valor absoluto, imperativo, conminatorio.

No es sorprendente, entonces, que encontremos mitologías o personajes míticos en la primera promoción de poetas que se reconoce hija de la civilización de los *mass media*. Su universo se constituye alrededor de unas constelaciones

1. *Mythologies*. Éditions du Seuil. París, 1957.

mítico-populares, importantes puntos de referencia en su organización vital y cultural: Yvonne de Carlo o Marilyn Monroe, por ejemplo, no serán ya solamente sus pasiones adolescentes—eso podría ser Historia—, sino el Erotismo o el Sexo; y Ernesto Guevara no será un estímulo o un modelo político a seguir—eso sería Historia—sino la Revolución en su versión más inmediata y subyugante. Y cito esos nombres porque aparecen con frecuencia—en especial el de Guevara—en la obra de nuestros poetas.

Se trata, pues, de la despersonalización de unos personajes reales y existentes, en aras de la constitución de un sistema de referencias míticas que son, a la vez, refugios o defensas personales o banderas y símbolos aglutinadores contra un mundo alienador, pero también factores de alienación por cuanto el mito es, en definitiva, en nuestro siglo—promovido por las derechas o por las izquierdas reinantes, da lo mismo—un factor conservador del sistema existente y una garantía del orden establecido. De todos modos, hay que señalar que el sentido de los últimos movimientos revolucionarios—o mejor, de los movimientos llamados «contestatarios»—conlleva una tentativa de sustitución de mitos, que resulta desmitificadora a través de un lenguaje sarcástico, distanciador y «cuestionante».

En todo caso, la sensibilidad *camp*—tan acusada en algunos de nuestros poetas y tan combatida por quienes ven en ella sólo una actitud *snob*, decadente y reaccionaria—aporta algunos factores positivos, entre los cuales destaca la destrucción de la actitud maniquea de la generación anterior: el solo hecho de volver la espalda al epicentro bueno-malo del enjuiciamiento estético habitual significa una oleada de aire puro en nuestro mundo cultural: «El gusto *camp*—dice la papisa S. S.—es, sobre todo, un modo de deleitarse, de apreciar, pero no de enjuiciar».

Finalmente, permítaseme una obviedad: si la sensibilidad *camp* está muy extendida entre los jóvenes ello no quiere decir sino que reclaman un derecho inalienable: el de vivir en libertad y sentimentalmente las contradicciones de su tiempo histórico, las cuales pueden hacer de un sarcasmo la condición de su verdad.

3
¿UNA GENERACIÓN DE «COGITO INTERRUPTUS»?

Jamás la sombra de una idea enturbió la perfección de su mente.

T. S. ELIOT

No era pensar, me parece que ya te he dicho muchas veces que yo no pienso nunca; estoy como parado en una esquina viendo pasar lo que pienso, pero no pienso lo que veo.

JULIO CORTÁZAR

Me parece ahora necesario avanzar que la lectura de la mayor parte de los poemas que figuran en la presente antología producirá dificultades de comprensión a los lectores si, previamente, no aceptan que la ruptura de la que venimos hablando no afecta solamente a determinados aspectos formales de la poesía de esos jóvenes o a su temática. Hay más, hay bastante más, aparte del hecho que muchos de ellos rechazarían la propuesta clásica de «interpretación» de un poema.

En contra de la poesía anterior intencionadamente no sólo «contenutista», sino muchas veces didáctica o políticamente energética, los jóvenes poetas que por sus intereses diversos propugnan la autonomía del arte, proclaman el valor absoluto de la poesía por sí misma y consideran al poema como objeto independiente, autosuficiente: el poema sería, pues, antes un signo o un símbolo, según los casos, que un material literario transmisor de ideas o sentimientos.

Para Umberto Eco, lo que él llama el «cogito interruptus» es propio de aquellos que ven el mundo lleno de signos y viven en un universo simbólico: «Dado que el «cogito interruptus» es característico por igual de los locos y de los escritores de una «ilógica» razonada, tendremos que saber con certeza cuándo es un defecto y cuándo una virtud y, más todavía (contra toda rutina malthusiana), cuándo es una virtud fecundante».[1]

Ahora bien, el «cogito interruptus» de esta generación se plantea a dos niveles distintos: uno es el de la voluntariedad de ruptura con una lógica sociolingüística que traduce los esquemas organizativos de una sociedad irracional y represiva; otro, el de una conformación mental que proviene de la educación llamada pos-gutenbergiana, es decir, en el código semántico de McLuhan, de la formación *táctil* de la personalidad.

En el caso de nuestros poetas, el grupo de los *seniors* correspondería, en general, al primer nivel. Así, cuando Vázquez Montalbán nos dice: «Ahora escribo como si fuera idiota, única actitud lúcida que puede consentirse un intelectual sometido a una organización de la cultura precariamente neocapitalista»; o en la tentativa de Martínez Sarrión de revalorización de los surrealistas que en su tiempo propugnaron una revolución «alógica» al preconizar el automatismo psíquico puro. En cambio y en general, también, el grupo que denominaremos *la coqueluche*—el de los más jóvenes—confiesa escribir una poesía en la que juegan un papel importante las imágenes visuales, la música, las canciones populares, etc., producto de una formación adolescente dominada por los *media.*

En todo caso, es de suponer que la creciente influencia de la televisión acentuará en los más jóvenes escritores una visión eminentemente *táctil*—valga la paradoja—tendente a una cada vez mayor concepción sincrónica del mundo, ya visible en la mayor parte de los poetas que presentamos.

1. *Apocalípticos e integrados ante la cultura de masas.* Editorial Lumen. Barcelona, 1968.

Podríamos intentar explicar ciertos aspectos de la ambigüedad de buena parte de la poesía de los más jóvenes, de su frialdad, su irracionalidad, su carácter tribal, su aristocraticismo o su artificiosidad, únicamente por las razones tradicionales utilizadas por la crítica literaria para estudiar los cambios de gusto en la sucesión de generaciones o de épocas. Y si bien es cierto que en el próximo apartado intentaremos dar algunas de esas razones, insisto—con Umberto Eco, con quien comparto su actitud crítica respecto de algunas deformaciones delirantes de los partidarios de McLuhan—en que, de todos modos, es necesario hacer una nueva referencia a los problemas suscitados por la llamada revolución de la cultura de la imagen frente a la cultura de la palabra.

En efecto, una de las características de nuestra época—dominada por lo que McLuhan llama medios *fríos* (radio, teléfono, TV, etc.), más que por los *cálidos* (novela, cine, etc.)—es la de presentar «configuraciones poco definidas; no resultados acabados, sino procesos; no sucesiones lineales de objetos, momentos y argumentos, sino una especie de totalidad y simultaneidad de los datos en cuestión. Aplicando esta realidad a las formas expresivas, no tendremos el discurso por silogismos, sino por aforismos. Los aforismos son incompletos y requieren por ello una profunda participación. En este aspecto, su manera de argumentar corresponde perfectamente al nuevo universo al que somos invitados a integrarnos».[1] Estas palabras de Eco me parecen tan válidas para la mayor parte de los escritores de los que estamos tratando—escritura automática, sincopación, *collage*, etc.—que se me hace muy difícil no insistir en la idea de la doble ruptura que se produce en estos poetas:

1. Umberto Eco, op. cit.

nos encontramos, pues, ante una generación que une a su repulsa por una «pesadilla estética» que se le hace insoportable, una formación extraliteraria que, en definitiva, resulta ser antiliteraria, en el sentido tradicional de la expresión. Y, sin embargo, dado que son escritores, aún conscientes de la paradoja a la que se encuentran abocados, siguen escribiendo. Cabe, pues, pensar en la existencia de una fórmula conciliadora que, a la vez que abre un nuevo camino a la literatura, rebaja las tesis mcluhianas a su justo nivel. No olvidemos que la ambigüedad o la imprecisión de algunas de esas tesis permiten diversas interpretaciones: así, probablemente, son muchos los que aceptarían que la famosa fórmula: «el medio es el mensaje» puede traducirse en literatura por «la *forma* del mensaje es su verdadero contenido». Pero ¿cuál es esa forma en la obra de los jóvenes poetas?

Antes de intentar responder a esta pregunta en el apartado siguiente, queremos hacer una consideración final que se refiere a la acusación de irracionalismo y de frivolidad con que puede ser acogida la poesía del «cogito interruptus». Ciertamente algunos de sus autores han sentido o sienten—por reflejo condicionado frente a la poesía anterior o, incluso, por ligereza intelectual—una clara tentación de irracionalismo y de frivolidad. Pero otros no quieren ir más allá de una «ilógica» razonada. En cualquier caso, en tanto que la pretensión de todos es la de establecer una dinámica vanguardista en las estancadas aguas de la cultura española y de reinstaurar una polémica ausente en los últimos años, los «peligros» de esta actitud son mucho menores que los que podían derivar—y derivaban ya—de un monolitismo ideológico que prácticamente había paralizado a nuestra literatura de creación.

Quedan, claro está, otras manifestaciones, muy explícitas, como las de uno de los teóricos—no poeta—de la misma generación: «Aborrecemos la claridad y la geometría. Hoy sentimos un gusto malsano por la confusión y el desorden. Hasta la lucidez consiste en liberarse de ella a tiempo», dice, por ejemplo, Eugenio Trías, ante el escándalo de los más recalcitrantes racionalistas. Pero la ironía que encierra su última frase es, en cierto modo, una garantía de una actitud responsable, por reticente y escéptica frente a la «humareda de grandilocuencia» de sus mayores, denunciada por Fischer en la cita con la que encabezábamos el primer apartado de este prólogo.

4
DEL OFICIO DE POETA

Si somos testigos de la llegada de una nueva dimensión del pensamiento y de la vida física, o ésta es total y radical—y ya ha vencido—y en tal caso no se pueden escribir libros para demostrar la llegada de algo que ha hecho inútiles todos los libros; o el problema de nuestra época es integrar las nuevas dimensiones del intelecto y de la sensibilidad en aquellas que predominan aún en todas nuestras formas de comunicación—incluso la comunicación televisiva...

UMBERTO ECO

En cierto modo, el segundo término de la disyuntiva de la cita de Eco, nos permite entrar en el apartado final en el que intentaremos contrastar lo dicho en los apartados anteriores con los actuales planteamientos de los más jóvenes poetas españoles.

Por lo que se refiere a la relación entre poesía y *mass media* la actitud general de estos poetas es la de reconocer la fuerte influencia que aquéllos ejercen sobre su poesía: quizás el más radical sea Vázquez Montalbán cuando dice que «cine y canción se han alimentado de literatura. Hora es ya que la literatura se alimente de cine y canción. Los programadores de divorcio entre cultura de *élite* y cultura de masas morirán bajo el peso de la masificación de la cultura de *élite*».[1] Pero en Vázquez Montalbán hay, todavía, detrás del poema una intención político-cultural y no creo que algunos de sus más aristocratizantes compañeros de generación crean en una efectiva «masificación de la cultura de *élite*».

1. Prólogo a *Baladas del dulce Jim*, de A. M. Moix. El Bardo. Barcelona, 1969.

En todo caso, donde todos están, probablemente, de acuerdo, es que en su formación cultural la literatura no ha representado más que un porcentaje limitado, muy inferior al que representó para las generaciones anteriores. Por otra parte, su formación literaria es, fundamentalmente, extranjera y no sólo eso, sino que la mayor parte de ellos—en una actitud generacional muy extendida y no sólo entre los escritores—rechazan la tradición inmediata española, o mejor, la ignoran deliberadamente (con algunas excepciones y por motivos diversos: Aleixandre, Cernuda, Gil de Biedma, por ejemplo). Si acaso les afecta más lo que Martínez Sarrión llama «el descubrimiento de los verdaderos malditos en nuestro idioma», en general latinoamericanos: Octavio Paz, Oliverio Girondo, Lezama Lima...

Así, resultan ser sus maestros Eliot, Pound, Saint-John Perse, Yeats, Wallace Stevens, los surrealistas franceses, etc. Y en ellos se inspira la que podríamos llamar su actitud de poetas y su concepción del oficio. Claro está que estoy generalizando ¿pero cuál de nuestros poetas se mostraría en desacuerdo con la siguiente cita de Ezra Pound: «La literatura no existe en el vacío. Los escritores como tales tienen una función social definida, exactamente proporcionada a su habilidad como escritores. Ésta es su utilidad principal. Todas las otras dificultades son relativas y temporales y sólo pueden valorarse en relación con los puntos de vista de un estimador particular»? ¿O con la de Hugues Rebell, el «venecianista» de la época de los surrealistas, descubierto y lanzado por Breton: «El deber de un escritor consiste en destruir poco a poco, *indirectamente*, esa fascinación que todavía ejerce sobre algunos una moral hecha para otros pueblos y otros tiempos»? ¿O, incluso con el texto más politizado de Tristan Tzara: «Toda creación del espíritu, en tanto que expresión del mismo, no puede desprenderse de la ideología reinante, la cual es producto, a su vez, del antagonismo de clases. La obra llamada *de arte* refleja, en todas las épocas, un hecho histórico engendrado por las relaciones sociales y económicas. Hay que señalar que, en el marco de la poesía, es en la parte de la *poesía-medio de expresión* donde se desvela la influencia de una ideología burguesa, mientras que la parte de la *poesía-actividad del espíritu* escapa completamente a esta concepción. A través de una serie de actos plásticamente demostrativos (*dada*) y de verificaciones con una real preocupación de método científico (*surrealismo*)—hablo de poesía—esas influencias quedan reducidas al mínimo, en proporción directa con la reducción de la cantidad de *poesía-medio de expresión.* (...) Hay que alzarse contra aquellos que no toman de su significación más que la parte designada como *poesía-medio de expresión* y tratan de hacerla desviar hacia una actividad mediadora y documental de descripción alegórica con una finalidad moralizadora de fabulación y de propaganda. Ese desconocimiento de la naturaleza de la poesía instituye, a favor de una teoría de la fijación del acontecimiento, un error constante...»?

Estas citas—y otras muchas que podríamos añadir—nos ayudan a configurar la posición de la mayor parte de los jóvenes escritores, no sólo frente a los que ellos reconocen como maestros, sino también como actitud generacional ante la poesía. Aún así, no sólo sus poemas, sino también sus ideas sobre la poesía no son siempre tan coherentes entre sí como parece desprenderse de lo que llevamos dicho. Claro está que se trata de opciones individuales, es decir, de la personalidad literaria de cada uno, pero nuestra función nos obliga a sintetizar—a simplificar, a esquematizar—para dar las líneas fundamentales de este grupo generacional.

En este sentido, nos vemos obligados a intentar responder a la pregunta que nos hemos formulado en el apartado anterior: ¿Cuál es la *forma* de esta nueva poesía, esa forma que, como hemos dicho, es, quizás, el verdadero contenido del mensaje poético de los jóvenes escritores?

En una interpretación elemental y directa—la única que podemos permitirnos en un prólogo esquemático como el presente—encontramos una serie de coincidencias, de elementos comunes, junto con una serie de contradicciones: veámoslo.

1. *Despreocupación hacia las formas tradicionales.*

Ésta es una característica obvia: la libertad formal es absoluta y, en líneas generales, no hay ninguna preocupación preceptiva. De todos modos, hay que señalar—como excepción—el ritmo verbal basado en la tradición métrica castellana empleado por Gimferrer, especialmente, y por Carnero. En cuanto a la consideración de lo que es o tiene que ser formalmente o gráficamente, casi, un poema, también la libertad es absoluta, como pueden demostrar ciertas «prosas» de los más jóvenes del grupo (Ana María Moix, Leopoldo María Panero, Vicente Molina-Foix).

2. *Escritura automática, técnicas elípticas, de sincopación y de «collage».*

Éstas son las técnicas habituales de esta generación del «cogito interruptus». En todo caso, se trata de evitar el discurso lógico, de romper la expresión silogística, para crear, en algunos casos, una «ilógica razonada» y, en otros, un «campo alógico» significante, cuya lectura exige un esfuerzo más visual que racional, una tentativa de aprehensión simultánea de los diversos elementos que componen ese universo sincrónico que es el poema. A la creación de una «ilógica razonada» correspondería el intento de poetas tan dispares como Félix de Azúa (el más «narrativo» de todos), por una parte, y Vázquez Montalbán, José María Álvarez, Guillermo Carnero o Ana María Moix, por otra, aunque, en algunos poemas, la emplean también los demás. A la de un «campo alógico», corresponden también numerosos poemas, especialmente de Martínez Sarrión, Gimferrer, Molina-Foix y Panero, a pesar de las grandes diferencias que pueden observarse entre ellos.

Quizás la técnica del «collage», abundantemente utilizada por unos y otros, tenga distinta significación, según los casos. En Gimferrer, la incorporación anónima de versos de otros poetas, representará, seguramente, una forma de nostálgico entronque con la propia experiencia cultural. En José María Álvarez, las abundantes y, a veces desconcertantes y extensas citas que preceden a sus poemas, operan a la vez como voluntad de inserción de su poesía en un contexto histórico, un poco a la manera en que «ambientamos» una habitación con *posters*, pero también para demostrar que las aparentes discontinuidades históricas tienen unos hilos que las unen y que son, precisamente, las contradicciones y las contraposiciones entre las distintas épocas. Vázquez Montalbán es el que hace una utilización menos histórico-literaria y más *pop* de sus «collages»: letras de canción, frases publicitarias, fragmentos de discursos, textos de manual de instrucciones, etc., quieren significar exactamente lo que son—como las etiquetas de botes de conserva pegadas en un cuadro *pop* cualquiera—y su fuerza mayor es, precisamente, la de la imperatividad que les confiere su inmediatez. En Panero, los «collages» proceden, principalmente, de recortes de periódicos o revistas y tienden más a la consecución de efectos sincrónicos que en sus compañeros. Etc.

3. *Introducción de elementos exóticos, artificiosidad.*

Ésa es una característica de los poetas de *la coqueluche.* De pronto, aparecen en la poesía española—y como un elemento que no proviene de la formación *táctil* de los *mass media,* sino más bien de la elección de ciertas lecturas y de una actitud *snob* que enlaza con la sensibilidad *camp*—una serie de elementos exótico-literarios que encontramos en la poesía de Gimferrer y de Carnero, de Azúa y de Molina-Foix, especialmente. Son temas orientales, exaltaciones de ciudades desconocidas, nombres de lugar o de persona que atraen ante todo por su valor fonético, descripciones de vestidos, disfraces o fiestas, mitos clásicos o fábulas medievales, etc. Se trata del descubrimiento del gusto por una literatura gótica o modernista, de la importante influencia de Pound y, no hay que olvidarlo, del horror por todo lo español, precisamente porque en los pocos casos en que se introducen temas españoles éstos son tratados como elementos exóticos. Finalmente, no hay que considerar en este epígrafe la fuerte influencia de temas y mitos norteamericanos contemporáneos, producto más que de lecturas (y algunas han sido muy influyentes: Henry James o Scott Fitzgerald) del cine, la TV, la publicidad y los *comics.*

4. *Tensiones internas del grupo.*

Tengo la impresión de que, a lo largo de estas páginas, hemos encontrado los puntos de contacto que nos permiten hablar de la aparición de un nuevo grupo generacional en la poesía, pero también de que hemos apuntado alguna de sus tensiones internas, cuando no de sus divergencias de fondo.

No es preciso insistir en la separación entre *los seniors* y *la coqueluche.* Evidentemente, hubiéramos encontrado una mayor homogeneidad si hubiéramos tratado sólo de los más jóvenes. Pero, en cierto modo, nos hubiera costado mucho más explicar el paso del *cambio* a la *ruptura* con las generaciones anteriores.

Sí conviene subrayar, por otra parte, la tensión que significa la coexistencia de lo que podríamos llamar doble interpretación del fenómeno *camp*: como posibilidad de preconizar una poesía que arranque de la cultura popular o como asunción *snob*, aristocratizante, de los mitos populares. En este caso, la línea Vázquez Montalbán—Ana María Moix se opone, para sintetizar, a la línea Gimferrer—, Panero, sin olvidar que por lo menos a uno de ellos, Azúa, esta tensión no le afecta, por cuanto permanece al margen del problema. Así, la revalorización de los materiales tradicionalmente considerados como no poéticos (Vázquez, Álvarez, Moix) se contrapone a la artificiosidad y al exotismo de la mayor parte de los demás.

Otro factor de tensión existe entre los poetas que intentan una cierta experimentación—a niveles diversos—sobre la estructura del lenguaje (Martínez Sarrión, Azúa, Molina-Foix) y los que intentan la desmitificación del lenguaje cotidiano por un voluntario uso de lugares comunes, frases hechas o simplemente por un descuido consciente del lenguaje escrito (Vázquez, Álvarez, Moix, Panero), habida cuenta de que otros dos (Gimferrer y Carnero) confieren más que a la lengua, a las palabras, un valor eminentemente rítmico o musical, sobre el cual se basa la estructura de su lenguaje poético.

5
CONCLUSIÓN PROVISIONAL

En su forma irrisoria, repitiéndose la historia como una farsa, éramos, a través del mundo, los portadores involuntarios y socarrones de un proyecto universal, incluso degradado, vivido aún bajo las especies comulgantes de lo irreal.

JORGE SEMPRÚN

En otro lugar,[1] he dicho que no hay otra actitud posible para la comprensión de la sensibilidad de la nueva generación que intentar establecer el código de sus mitologías. Tal ha sido la tentativa esencial de este prólogo, cuyas limitaciones son obvias (juventud de los poetas seleccionados, provisionalidad del juicio sobre su obra, generalizaciones excesivas en un intento de configurar un cuadro generacional sobre el cual poseemos insuficiencia de datos, etc.).

Aún así, quisiera añadir un par de consideraciones finales. En primer lugar, un juicio, quizás precipitado, contenido en el apartado segundo de este prólogo: ¿es totalmente cierto que el mito o las mitologías de nuestros días son un mensaje despolitizado y alienador? Al concepto de Barthes cabría contraponer—al menos por afán de objetividad—el de Gillo Dorfles: «Si una componente simbólica—y, por ende, mítica y ritual—está presente en toda forma artística, no significa ni mucho menos que el considerar la obra de arte como mitopoyética debe equivaler a declararla, *ipso facto*, fetichista y mitificante. En cambio, podríamos quizás formular la hipótesis de que es sobre todo en las formas *Kitsch* donde se revela la coexistencia o, mejor, la identifi-

1. «Mitologies de la nova generació». *Serra d'Or*. Número 121. Octubre 1969.

cación de un aspecto mitificante y fetichista; mientras que es posible admitir la existencia de formas artísticas en las que la presencia de una componente mítica haya de considerarse como totalmente positiva, precisamente porque esa componente forma parte de los «plenos derechos» del arte de hoy y de siempre. Es así que podríamos adelantar la hipótesis de una distinción entre el mito entendido en la acepción «mitificante» (superestructural—si queremos servirnos de un vocablo marxista—, aburguesante, alienante) y el mito decididamente «demistificante» (estructural, entonces, y socialmente rico)».[1]

Y Dorfles insiste en la «autodemistificación» de los mitos actuales gracias a la rapidez de su *consumo*—y no le falta razón: «Creo que precisamente en esa autodemistificación, en este rápido agotarse de la carga mitagógica, reside una de las características de la situación actual que tiende a diferenciarla de toda situación precedente».

En segundo lugar, quisiera añadir unas consideraciones del autor de *Mythologies* sobre la poesía de nuestros días, en el sentido de que la poesía puede ser un sistema semiológico regresivo: es decir, que mientras el mito mira hacia una ultra-significación, a la amplificación de un sistema primero, la poesía, por el contrario, intenta reencontrar una infra-significación, un estado pre-semiológico del lenguaje; en síntesis, que se esfuerza en retransformar el signo en sentido: su ideal—*tendencial—sería alcanzar no el sentido de las palabras, sino el sentido mismo de las cosas.*

Finalmente, todavía unas palabras de Barthes, útiles—quizás—para la explicación de la aparición del nuevo grupo generacional frente a sus mayores: «... por el momento no hay más que una elección posible y *esa elección no puede*

1. *Nuevos ritos, nuevos mitos.* Editorial Lumen. Barcelona, 1969.

manifestarse más que sobre métodos igualmente excesivos: o bien proponer una realidad enteramente permeable a la historia, e ideologizar; o bien, por el contrario, proponer una realidad *finalmente* impenetrable, irreductible y, en este caso, poetizar. En una palabra, no veo, todavía, síntesis entre ideología y poesía (y entiendo por poesía, de una manera muy general, la búsqueda del sentido inalienable de las cosas)».[1]

¿Comprenderemos, así, la opción que se ha presentado a los jóvenes poetas y la elección que, *quizás también excesivamente*, han adoptado?

1. Op. cit.

ANTOLOGÍA

«Soy uno de tantos entre los miles de jóvenes de mi clase (...) en cuyo cerebro fermentan ciertas ideas. Nada en mí tiene el menor viso de originalidad. Soy muy joven y muy ignorante; no hace más que escasos meses que empecé a especular sobre la posibilidad de una revolución con hombres que seguramente han reflexionado sobre el conjunto de la situación mucho más que yo. Soy una mera partícula en la gris inmensidad de las gentes. Sólo tengo la buena fe que me anima y el vigoroso deseo de ver consolidarse la justicia», concluyó Jacinto.

HENRY JAMES

1
LOS SENIORS

Nos han enseñado cómo no hay que hacer la Revolución.

KROPOTKIN

Mi desdicha es que mis pasiones se confunden con mis ideas.

PROUDHON

MANUEL VÁZQUEZ MONTALBÁN
1939-[2003]

Nacido en Barcelona. Licenciado en Filosofía y Letras. Periodista.

Obra poética: *Una educación sentimental* (Barcelona, 1967). *Movimientos sin éxito* (Barcelona, 1970). *Manifiesto subnormal* (Barcelona, 1970).

POÉTICA

En el siglo XIX la literatura era material estratégico de primera clase. Los peligros de contagio literario ya habían sido previstos desde el nacimiento de la imprenta. Un respetable Papa de Roma había hecho cortar la mano y la lengua a un libelista y los reyes y validos cortaban todo lo que había que cortar para impedir el contagio literario. La literatura clandestina condicionó fundamentalmente el *temple* (en el sentido existencial del término) pre-revolucionario (de la Revolución Francesa). Goethe conocía el carácter mortal de la sintaxis y por eso se apoltronó en un *moderato cantabile* que tanto añoraba Gide y que tanto hacía la puñeta a los críticos literarios de la Compañía de Jesús, especializados en el carácter agónico de la crisis de los intelectuales críticos en crisis. Después Balzac fue el que armó todo el lío; Balzac y los folletinistas románticos y naturalistas. Marx y Engels se creyeron que aquella literatura era la literatura de la burguesía y que el racionalismo burgués tenía su realismo. Ninguno de los dos apreció el hecho de que las novelas de Balzac no sólo eran la literatura de la burguesía, sino la literatura de la literatura. Después unos cuantos oficinistas bien intencionados aplicaron el esquema y tras serios ejercicios de retorta descubrieron el realismo socialista, que es el realismo más realista de todos los realismos. Ya lo dice la copla:

Ni se compra ni se vende
el realismo verdadero
no hay en el mundo dinero
para comprar los quereres

La literatura se guardó bajo siete llaves en las Arcas del Templo y sólo la sacaban para las Fiestas Mayores. Mientras tanto, el chico se había llevado a la literatura por el Gran Cañón, siempre bajo un alud de flechas envenenadas que le lanzaban los pieles-rojas. Hemingway era el más rápido con el revólver y en cambio Scott Fitzgerald tenía la mirada insegura y el pene no muy largo (así lo deja entrever Ernest en *París era una fiesta*). También era realismo, pero del malo. Era realismo-imperialista y en el caso de Faulkner, realismo monstruo-imperialista. Después estalló la bomba atómica y se practicó el equilibrio del terror. El realismo socialista se practicaría en el campo socialista (no hagan caso de la extraña coincidencia entre realismo y campo, ambos socialistas). El realismo capitalista se practicaría en el campo capitalista (ídem). En uno y otro caso el asunto era marginal porque la URSS controlaba unos 100 millones de aparatos de TV y Estados Unidos más de 200. «¡Ya podéis cantar ya, literatos de la mierda! ¡Ya no os tenemos miedo! ¡A parir panteras!» (fragmento del discurso pronunciado al alimón por Kruschev y Eisenhower en Camp David, también llamado Espíritu de Camp David). Pero para despistar unos y otros acordaron vigilar de cerca la literatura e impedir que pudiera contrarrestar las 3.000 horas de programación televisiva anual, ejercida sobre unos 2.000.000.000 de seres humanos.

Después ya salió Mao y el sexy.
Y por entonces empezaba a escribir yo.

En mis primeros versos pedía libertad, pan, justicia, enseñanza gratuita y amor libre (yo en mi adolescencia era muy tigre de papel y muy reformista).

Ahora escribo como si fuera idiota, única actitud lúcida que puede consentirse un intelectual sometido a una organización de la cultura precariamente neocapitalista.

La cultura y la lucidez llevan a la subnormalidad.

Aprovecho esta oportunidad para pedir una beca estatal por hipersensible.

Este año el Barça ganará la Liga. Eugeni Trías conseguirá una alineación característica: Sadurní; Torres, Gallego, Eladio; Rifé, Zabalza; Rexach, Marcial, Bustillo, Fusté y Pujol.

Cuando cambien las cosas entonces cambiaré de creencias estéticas. De momento éstas me han costado mucho de adquirir. Tal vez me esté mal el decirlo, pero un servidor no le debe nada a nadie y puede caminar con la cabeza muy alta.

P. D.—No sé si habré expresado claramente mi criterio. Creo que la poesía, tal como está organizada la cultura, no sirve para nada. Sospecho que no sirve para nada en ninguna parte. Pero la irregularidad histórica española me obliga a aplazar un juicio universal. Creo que escribir es un ejercicio gratuito que satisface las necesidades de unos 2.000 culturalizados progresistas. De esos 2.000 culturalizados hay 700 u 800 que no están de acuerdo con lo que uno escribe. Otros 500 le conocen a uno con mayor o menor aproximación y no están dispuestos a tomarle en serio. Los 700 restantes son críticos, vecinos y ex compañeros de colegio. Hay que reservar una plaza especial para Gimferrer que se lo lee todo y otra para Castellet que se lo lee todo para luego hacer antologías. Las antologías sí que se leen. Creo que a partir de ahora sólo escribiré antologías.

Olvidaba algo. Creo en la revolución. Con una condición: la libertad de expresión. Otra condición (si no es mucho pedir): que en todas las oposiciones para burócrata revolucionario sean obligatorios ejercicios orales y escritos sobre mi obra en prosa y en verso. Tampoco estaría mal que en los textos de Enseñanza Revolucionaria se utilizaran fragmentos de mis obras como ejemplos estilísticos.

Hay que ayudarnos los unos a los otros.

CONCHITA PIQUER

Algo ofendidas, humilladas
sobre todo, dejaban en el marco
de sus ventanas las nuevas canciones
de Conchita Piquer: él llegó en un barco
de nombre extranjero, le encontré en el puerto
al anochecer
                    y al anochecer volvían
ellos, algo ofendidos, humillados
sobre todo, nada propensos a caricias
por otra parte ni insinuadas

                                        en el balcón
se consumían los días de aquel verano,
cercano al trajín del barrio colector
del tráfico de camiones desvencijados,
topolinos grises como de fieltro, el carro
verde del basurero, su corneta
                                        un sobresalto
en alguien, demasiado próximas las dianas
en los campamentos, en las trincheras,

                    pero hacia las nueve las emisoras
transmitían un «buenas noches» a la ciudad
filtradizo por los balcones mellados
                                                  y luego
Glenn Miller, recientemente fallecido en la guerra

mundial, llenaba de olor a mil novecientos cuarenta
y cinco con brisas de fox trot o el lánguido; canta
el petirrojo en Diciembre

escépticos—en la calle
no crecían violetas en Diciembre—algo
cerraba sus voces habituales: cerró Ingraf
o la Sopena precisa obreros para editar
cartillas de abastos, o recaderos Roura
necesita mozos a horas libres, escasos los letrados
en el barrio el oficio de recadero era un sí

es no
mítico, caballeros en su triciclo, los pulmones
padecen, decían ellas—no muy solícitas, es cierto—
como recordando cortesías remotas de aquel libro
Manual de Urbanidad, nostalgia de costumbres
mejores, pero reconocidas inservibles tácitamente

acababa Glenn Miller y Bonet de San Pedro
les cantaba los paisajes mallorquines, la voz
insinuante de la locutora un hotel:
langostas vivas, consomés insuperables, el mar
un alimento de yodo desde la miranda

acondicionada
de un hotel a la altura de los entonces derruidos
en Europa

o quizá Conchita Piquer otra vez:

del por qué de este por qué la gente quiere enterarse
o la triste canción de la muchacha asomada
a la ventana, mirando el río, ahogada en el río,
como una rosa, una rosa *mu* blanca

y de pronto
un gong llenaba la calle de futuro, silencio,
los rostros ponían el ceño predispuesto
porque eran
las diez de la noche en el reloj de la Puerta
del Sol—Radio Nacional de España—Madrid

Eleonora Roosevelt hacía de las suyas: colectas
con el fementido político, algunas noches pederasta,
fulano de tal, profeta de una próxima vuelta
de la normalidad

y en el frente
del Rhin, los panzers retrocedían, oh barras
y estrellas, una bandera en el cielo de una noche
tal vez de verano
finalmente el himno, por Dios
por la patria y
murieron nuestros padres, ellas
algo humilladas, ofendidas sobre todo,
maldecían las gachas quemadas, breves sopapos
en la coronilla del niño poco entregado
a las Lecciones de Cosas o las Lecturas Graduadas
entre el Padre Coloma, el Padre Balmes y
el Padre Claret

después la cena, harina
de maíz y tocino espumoso de rosa gelatina,
ellos, algo humillados, ofendibles sobre todo
hablaban de un singular compañero de trabajo
míticos seres sin una pierna o llenos de vieja
metralla soportable

habían muerto o pronto
ascenderían de escalafón en la Campaña
Pro Cama del Tuberculoso Pobre

ellas
llenaban entonces hasta los bordes el plato
del hijo que soñaba imposibles enemigos desconchados
en la pared pintada por la madre
en primavera,
con un cubo de cal y polvos mágicos
azules.

NUNCA DESAYUNARÉ EN TIFFANY...

Nunca desayunaré en Tiffany
ese licor fresa en ese vaso
Modigliani como tu garganta
                                        nunca
aunque sepa los caminos
                                    llegaré
a ese lugar del que nunca quiera
regresar

            una fotografía, quizá

una sonrisa enorme como una ciudad
atardecida, malva el asfalto, aire
que viene del mar

                        y el barman
nos sirve un ángel blanco, aunque
sepa los caminos nunca encontraré
esa barra infinita de Tiffany
                                        el juke-box
donde late el último Modugno ad
un attimo d'amore che mai più ritornerà...

y quizá todo sea mejor así, esperado

porque al llegar no puedes volver

a Itaca, lejana y sola, ya no tan sola,
ya paisaje que habitas y usurpas
                                                nunca,
nunca quiero desayunar en Tiffany, nunca
quiero llegar a Itaca aunque sepa los caminos

lejana y sola.

RODAJAS DE LIMÓN…

Rodajas de limón

zumos de sol, cálido
verano, se digieren
                    algas
lentas como ahogados, ya
aprendimos el lenguaje
del juke-box, del amor
fox y sobre todo trot, lento
vivo
     adagio corazón
                    caballo
loco, triste se desploma el cuerpo
como en un poema sentimental
o de los otros

                    ¿qué importa ya
el lento rodar de las naranjas,
los senos, los obuses, la bomba,
las cabezas

               si canta Paul Anka
la antigua historia de Young Alone?

también lo fuimos
                    y tal vez por eso

Madre Coraje lleve bikini, cante
espuma sobre el ski acuático
frente a la amenazadora verga
de fabriles chimeneas y cañones
bajo el útero atómico de un B-27

preferible que nos despierten
                                                            las sirenas
preferiblemente que húmedamente nos ahoguemos.

QUÉ POCO ME CUESTA CREERLO…

Qué poco me cuesta creerlo
pese al Informe Kinsey y al grito
de reclamo de un anuncio
                                                  de besos
con dentífricos mentolados, eres
la guía de mi Gloria sin arcángeles
algún lugar de olvido, laberintos
de adelfas, un mirador de la ciudad

y en ti, mi pequeño reino afortunado,
los árboles son testigos de verde
del vuelo de vencejos, las tardes
vastedades de cristales opacos, la vida
un spleen que acaba bien
                                                  pequeña
bruma y amantes que se hunden, nadie
presiente un final adverso, la muerte
será ceniza mas tendrá sentido, polvo
será mas polvo enamorado
                                                  déjame
creerlo así, dama alta, calandria encendida
que el vent morat apaga amb la seva ombra.

OLVIDABLE LA MUERTE DE TODOS, TÚ…

Olvidable la muerte de todos, tú
y la vieja insatisfacción de amanecer,
furias abstractas por barcos hundidos
húmedos cargamentos de humo malva,
rostros torvos, fenicios y verdugos
venden sentido común
                                        en la plaza
de San Lukács evangelista, los Macabeos
—Noemí ha llorado del todo y Rut
abre sus piernas al doblón de oro—
                                                            los Macabeos
decía, los Macabeos eran un algo brutos
y lo hicieron todo por el qué dirán

qué dirán los náufragos y los ángeles
rueda la noche, arranca chispas
                                                    las estrellas
son más humanas desde aquel otoño,
eras aún una muchacha de tierra
que borraba el paisaje, no la tristeza,
no la trata de acacias, no la trata
de leyes de fugas, no la trata de sagradas
escrituras
                  no el dolor con rostros y apellidos.

ARTE POÉTICA

Ideas lentas como libros
desplomándose, charcos en la calle
chorretes de sangre en las primeras
páginas
                    piernas, piernas con curva
blanda remontándose y bragas
blancas como un apósito
                                                mortajas
de leacril y dentaduras rotas
alguien canta
                              sapore di mare, sapore
di sale
                    y en el sudeste asiático
la guerra McNamara cruza el río
se ahorca a un inocente en esta casa
aquí
               junto a las tumbas de pioneros
del renacer textil de las betes
                                                       i fils
se ahorca simplemente, europeamente
soy un poeta militante, camarero
un gin tonic
                              por favor

llega un poeta blando de sangre
más que roja, pide pippermint

y canta
sucede que me canso de ser célibe
marfiles de tus senos, paisajes
de tus lomos deslomados, oscura
sima, oscuro el mundo, pedazos
de brea y olor a paño limpio, un bidet
respondón
y la tierra, tesis sensual
la antítesis de un limonero seco
culpable el capital del furor, uterino
el tablón de salvación
viva la revolución

austero pasa Blas de Otero, romanza

digo lo que quise decir
y no dije
ya está dicho
¡ay Calatrava de Arriba
mulas sorianas, cabras
al monte!

tirad
tirad de España
la España insana a la mar
a la mar, a la mar
tirad, tirad
que también el pueblo nos espera
con ritmo de habanera

y llega
el cartero con una carta de Celaya
(personal)

subo, bajo, lloro, como
amparo la amparable, ira
por no escribir endecasílabos, soy
el que soy, algo buen chico
me gusta la tortilla de escabeche
el pueblo—Sancho fetén—
me canso
de ser buena persona
volverán
las oscuras golondrinas en tu balcón
sus nidos a colgar

pero grita
airadamente López
Pacheco comunero
más comúnmente que nadie

pongo
pongo el pie
pongo el pie sobre
Castilla
silla de España
y no me extraña
palpar la revolución
al son
de la charanga alada
alzada
sobre un millón de muertos
y entuertos
de una generación

suavemente desliza Guillén (Jorge)
sabiduría antigua, sí, pero no, ser

y no ser
                no sé, dice, la inquietud
del círculo ser, no ser repollo
cuatro lados tiene un aro, sol
y regadíos manchegos, muerte
geométrica, patadas en los huevos
dictadura y argumento ontológico
dijo el necio en su corazón no hay
gente como la de Tudela
                                        y era
el necio era de Astorga, entidad
del paraguas en un congreso, my dear
my dear my dear, soy
Jorge Guillén lecturer nada argelino
más bien Sartre, la inquietud de la flor
no ser bomba, la inquietud
de la bomba no ser flor

                                        entonces
un ajado sonetista municipal, hipo
condríaco de Cuenca, tal vez de Reus
o de Almería, deleita con sus versos
a histéricos e históricos materialistas viejos

ingratamente canto la amargura
soez de Leonor la bien amada
canción que brotó desesperada
verdinegro horizonte de llanura

entre el estiércol caqui castellano
los gallardetes blancos catalanes
la imperial empresa mano a mano
no comprende Leonor tras los cristales

celosías de páginas de anuncios
buenas son las hermanas ursulinas
cantan juntos diecisiete nuncios

mas Leonor cual pequeñísima burguesa
no comprendió al beato progresista
y estableciose de puta a la francesa
envejece el vaso
el gin tonic
anochece húmedamente, imposible
escribir entre brisas de drugstore
rumores de hojas desnudas
pasan
muchachas anchas como lechos
periódicos grises
como despedidas.

SUAVE ES LA NOCHE

Tender is the night
entre arquitecturas blancas
de villas con verjas historiadas
veredas de grava, suave
es la noche, una huella
un crujido, un paso
                                        sopla
azul y líquido el viento
de la pasión civilizada
                                        algo
ha quedado entre las ruedas de agua
en la playa, un tablón carcomido
y una guirnalda de algas

                                                pasarán
veinte años, veinte constelaciones de cubos
de hielo en vasos azulados, entonces
la armonía de Europa estribaría
en un fondo de Bach
                                        y un suicidio
colectivo a ciento ochenta por hora

un alcoholizado se llevó a la tierra
el secreto del sufrimiento por la impenetrabilidad
la asepsia del agua corriente
                                                y dentífricos

destructores de la nicotina
                                        Francis
Scott Fitzgerald, excesivamente inteligente
para engullir el mundo de cada día
como una espesa melaza sobre las tostadas.

POEMA PUBLICITARIO PRESENTADO A LA CONSIDERACIÓN DE UNILEVER. SOBRE EL MÉRITO DE LA MAGIA DE LAS EXTRAÑAS ASOCIACIONES, SE UNE LA MAGIA DEL ACTO Y DEL COLOR DANDO UN SENTIDO AL PUÑADO DE IMÁGENES ROTAS BAJO EL SOL. PORQUE LO IMPORTANTE NO ES LA LÓGICA DEL CONTENIDO, SINO LA NUEVA LÓGICA QUE SE ESTABLECE ENTRE EL CONTENIDO Y SU ÚNICA *VERIFICACIÓN*: EL CONSENSUS DEL MERCADO. TRAS UNA LARGA ETAPA EXPERIMENTAL, ESTOS POEMAS CONSIGUIERON DESPERTAR EL DESEO DE LA LIMPIEZA EN CUATRO DE CADA CINCO MUJERES SOMETIDAS A LA REPETICIÓN MÉTRICA. INCLUSO CONSIGUIERON DESPERTAR ALGUNAS VOCACIONES VESTALES.

Limpie las fauces del arlequín de proa
los sobacos adolescentes
el rictus del náufrago en el malva
océano de la distancia
                                        limpie
el movimiento sin éxito de la gogo-girl
el desprecio despeinado del músico de cabaret
el rimmel que pudre el ojo
                                                        del marica vergonzoso
limpie la mancha de aceite
del corredor de fondo enloquecido
                                                                        —otros aires
le aportan la mentira de otro tiempo—
limpie el recuerdo sobre la frente
de la muchacha enamorada de su flor
                                                                          el girasol

limpie con potencia la muerte en el olvido
la muerte en el agua de los lotos, el suave
atardecer que previene la muerte del anciano
—oh atardecer
de invisibles otoños inexistentes sobre la víscera
de la imaginación—
limpie antes, más, según, contra, para
pero limpie pronto el vicio del absoluto
obscena
huella de labios huidos en el borde del orinal
cristal
de roca antigua para subrayar las defenestraciones
en los añicos canta el arañazo del miedo
limpie
el miedo a llegar tarde, a perder el barco hundido
en el que se ahoga la novia de Supermán

(finge, muchacha en flor, el desmayo
de tu centro en mi mano, en mi lengua
el borde de un nombre que hace estremecer)
limpie los caminos que llevan al paraíso
limpie el paraíso de hojarasca, de huellas
de meriendas familiares fotografiadas
—ha muerto
el niño que fingía ser feliz porque era hijo—

limpie, limpie las palabras que han cantado
la ruta navegante del regreso, limpie
las estelas que conducen al borde del deseo
olvide
que otros detergentes limpian incluso su limpieza
—oh, vieja dama disfrazada de gallina azul—
limpie

los cristales empañados por las fugacidades
y el estrépito del soul en las bóvedas de cristal
acafetado

mejor y más limpio, el Antraz, destejará
sus pasos sobre la playa, borrará las huellas
de sus dedos en las gargantas
en los infiernos musgosos donde muere el vientre
de la odalisca disfrazada de novia con retícula

limpie la sombra de las muchachas en flor
limpie la flor de las muchachas en sombra
(Antraz es asombroso)

y no ignore que este detergente limpia menos
que cualquier otro, ni que su acierto estriba
en que su nombre lleva el acarreo de las mejores
distancias
y no olvide esta marca, no se deje engañar
por la estulticia del tendero que le quiere ocultar
el color exacto de las manchas que limpian
(los tenderos son seres que ignoran los efluvios
la umbría de las ingles fruncidas de las muchachas
que enloquecen al compás de un abanico y de un adiós)

¡NO CORRAS PAPÁ!

Cada diez mil kilómetros
—o cada seis meses—
quite la tapa del distribuidor
saque el rotor y ponga
tres, cuatro gotas de aceite
en el filtro colocado en el centro
del eje rotor
también, ciertamente
debería aplicar una ligera capa
de grasa al patín del ruptor
de lo contrario
nunca llegará usted a Palm Beach
no nunca llegará usted
a Palm Beach

¿acaso cada diez mil kilómetros
—o cada seis meses—
limpia los electrodos con un cepillo metálico?

su torpeza
dormirá sus manos bajo pesos
menos gratos que el de los senos

en abril los erizos mienten flor
y hasta los cantantes de izquierda
se columpian en sus bufandas

saben
que el depósito del elixir está en el maletero
y no dejan que descienda
el nivel
—se llama Min
casi como una dinastía—

que no le esperen en Palm Beach
usted no ha nacido para llegar a Palm Beach

a veces el testigo se enciende
cuando los faros alumbran con luz de carretera
a veces el testigo se enciende
al conectar el interruptor general del alumbrado
y en otros casos
la permanencia o extinción del testigo
advierte las anomalías en el funcionamiento

no mienta a las rapaces oceánicas
en esta autopista no murió nadie
que hubiera lubricado a tiempo la timonería

usted nunca estuvo de acuerdo con William James
usted nunca leyó quizás a William James
ni comprobó el nivel de su aceite
ni cambió el elemento filtrante
la vida
es un conjunto de movimientos hacia el éxito
y usted equivocó su herramienta

no, no
por favor, no se jacte de tanto amor perdido
ni moralice a costa del espacio y el tiempo

tuvo un rincón donde mentir su épica
una mujer propia que no supo serle infiel
el derecho a opinar ante gentes más ignorantes
y una amante en la playa
a la que nunca llegará

usted era uno de esos degenerados
que ha fatigado el cojinete de empuje
y ha causado un desgaste prematuro en los forros de
embrague.

¿YVONNE DE CARLO? ¿YVONNE DE CARLO?…
¡AH! ¡YVONNE DE CARLO!

El pan era negro o blanco
el aceite verde-lodazal
caquis los recuerdos
                    Yvonne de Carlo
era el technicolor
en su contorno lila destacaba
la boca corazón, el busto corazón
las bragas corazón en la danza
                              de Sherezade

y en su pequeñez
permanecía la promesa árabe
de la mujer portátil complacida
por el ritmo desnutrido
                         del tricycle-man

para nosotros era la chica
redimible como una maestra
de primera enseñanza
                    sus ojos grandes
pero sucios los hemos visto luego
abotonando la penumbra de las cafeterías
                                        entonces eran
lo más parecido a los diamantes del tesoro
privado del Hombre Enmascarado
                              sorprendidos

de que Ana María la enamorada
del Guerrero del Antifaz más pareciera
Hija de María que Yvonne de Carlo
con su escote prefabricado y su fotogenia
de payasa

y cuando Mario Cabré, Mario Lepanto
Mario Tenorio, Mario Trento
Mario Gardner
la requebrara en el Festival de Cannes

(más arde y más se quema
cualquiera que te ama
amor, quien más te sigue
se quema en cuerpo y alma)

ambiguos
nos sentimos nacionalmente representados
mas personalmente burlados
a punto sin embargo de enamorarnos
de muchachas con más carne que hueso
de descoloridas bragas blancas
entrevistas
en furtivas correrías por parques
repletos de domingo

atardecía, alguien nos dijo
que las muchachas mueren seis días
cada mes
luego resucitan
aceptan cartas furtivas
y si te pareces a Peter Lawford
se dejan besar.

ANTONIO MARTÍNEZ SARRIÓN
1939 - [2021]

Nacido en Albacete. Licenciado en Derecho.

Obra poética: *Teatro de Operaciones* (Carboneras de Guadazaón, 1967). *Pautas para conjurados* (Barcelona, 1970).

POÉTICA

Cuando uno empezó a escribir poesía relativamente en serio y pensando que aquello podía durar toda la vida, estaba en su mejor momento lo que hemos venido llamando poesía social. Uno escribía poesía social. Aquello estuvo muy bien. Fue necesario, mejor aún. Habrá que hacer algún día, cuando las aguas vuelvan a su cauce, un estudio en profundidad de aquella tendencia y constatar sus aportaciones más válidas, menos erosionadas por el tiempo.

Pienso que el método debiera ser—como en las mejores corrientes vivas de la crítica—una confrontación dialéctica del artista y su medio, dentro de una perspectiva de totalidad concreta (es decir, que no escamotee ninguno de los dos términos reales) y en el seno de la cual el arte es el producto de mayor categoría espiritual de la historia del hombre. Entonces podrá apreciarse qué es lo que podían conseguir aquellos escritores, cuáles fueron sus intenciones, cuáles sus resultados y cuáles los talentos de que estuvieron dotados.

Esto de la poesía, como todo, es en gran medida un aprendizaje, una continua incorporación. La lección que aquellos poetas debieran sacar es que habrían pecado —paradójicamente—de idealismo y su obra se resintió de falta de calidad en muchos casos, porque olvidaron la relativa autonomía de la creación artística y la resistencia de la palabra poética. Subvirtieron los términos, separaron lo que sólo de una manera falsa puede destruirse, a saber: el mutuo condicionamiento e interactividad de signo y significación. Cayeron en la trampa del contenido que es la misma trampa del formalismo, es decir, la abstracción. En los más dotados o al menos en algunos de ellos, hubo además un problema de agotamiento, de autoplagio, de congelación.

De cualquier modo la práctica de su oficio—creo que se puede hablar de oficio poético, todo lo poco cotizable que queramos en el marco de un sistema total irracional—no cabe duda que nos aportó un enorme caudal de experiencia dentro del cual se cuentan los callejones sin salida que había que superar.

El pasadizo ciego más patente, a mi modo de ver, fue que la poesía no podía ser en nuestra circunstancia un instrumento de agitación política. Lo fue en Maiakovsky, en los Alberti y Hernández de la guerra civil, en Neruda, en Nazim, pero ninguna situación histórica se reproduce mecánicamente, y hasta es posible que lo más perdurable de aquellos poetas sea la lucidez de comprender esto y la nostalgia consiguiente de no partícipes en un momento en que poesía y revolución se identificaron. Había un buen componente de noventayochismo pasado en todo esto, además.

Más anacrónicos se me antojan los que, partiendo de un humanismo pequeño-burgués o evangélico, trataban de conmover el corazoncito de los instalados o a punto de instalarse. Aparte de que eran mucho peores.

Todo lo anterior, tengo que insistir, *hubo que aprenderlo prácticamente*, no pudo ser evitado. Esta reflexión, que me parece compartida por algún miembro de mi promoción, se ha visto acompañada de un fenómeno fundamental: la apertura cultural de los últimos diez años. Voy a poner ejemplos para evitar confusiones.

Acceso más fácil a libros editados en el exterior, fundamentalmente en Latinoamérica (las ediciones en nuestro país eran absolutamente deleznables y no me refiero sólo a poesía) considerados hasta los últimos años cincuenta como clandestinos o poco menos; conocimiento de lenguas extranjeras (radicalmente básico en la formación de un poeta), vivos contactos personales, viajes al exterior, interés por otras formas culturales, no literarias en sentido estricto, muy evolucionadas y de sorprendente madurez y exigencia (cine, música folk, blues, jazz, tendencias pictóricas como neo dada, pop, comics últimamente, etc.). Este dato de avidez y curiosidad apasionada por las vanguardias mundiales me parece decisivo en la formación de los poetas de mi generación.

Es ya tópico hablar a estas alturas del impacto de la última narrativa latinoamericana, que nos ha hecho recordar que utilizábamos un lenguaje y no un arenque fosilizado, si se atendía a lo que escribíamos los autores españoles en castellano. Gran parte de aquellos escritores se nuclearon en torno a la gran revolución cubana y de allí nos fueron llegando revistas y libros que daban fe de la libertad y potencia de la cultura viva del subcontinente. En el terreno estrictamente poético fue conmocionante el descubrimiento de verdaderos poetas malditos en nuestro idioma como Oliverio Girondo, Luis Cernuda y Octavio Paz.

En mi caso particular tengo que hablar, creo que es visible en mis poemas, del eco del primer Eliot, tal vez de Pound y sin duda alguna de los surrealistas, movimiento éste mal entendido por casi todos aquí o deformado para su repugnante uso por algunos filibusteros incalificables.

Ciertos alumbramientos de Breton, Benjamín Péret, Soupault, Char o Queneau, permanecen vigentes y utilizables dentro de un contexto cultural específicamente español que despoje a aquéllos de abstracciones y vagorosidades insuflándoles humor y acidez. Al menos así lo creo y trato de ver si es cierto.

Pienso que somos muy conscientes de las limitaciones que, respecto al alcance de nuestra obra, existen y existirán. Es con toda seguridad anacrónico y disparatado el sistema de ediciones minoritarias, mal distribuidas, dispersas y leídas por la tribu iniciática. Tal vez en un clima revitalizado de la cultura española pudiera existir mayor audiencia. Tal vez ha ocurrido así con toda vanguardia. Tal vez la cultura literaria retroceda. Soy poco, muy poco optimista en esto.

Lo que me parece cierto, sin perder nunca de vista la función, en términos concretos, del intelectual en su sociedad y en la historia como proceso inacabado, es que en arte no existen pasos atrás y que seré consecuente si permanezco fiel a una vocación que se me aparece—en los peores momentos—como la más fantasmal e incierta en un sistema total abocado, por ahora, a la barbarie de la fragmentación.

He preferido en estas notas hacer un sucinto, torpe y muy personal balance histórico de la poesía española en castellano desde, digamos, la posguerra y una constatación de influencias y fuentes notadas en mi tarea y prescindir de la elaboración, insufrible para mí, de una POETIKA (perdón Cortázar) al uso, tras los delirantes excesos de J. R. J. (véase «Estética y Ética Estética») y de la mediocridad general de las poéticas insertadas en las antologías circulantes últimas y no tan últimas. Me parece ejemplar, y en tantas cosas más, la coherencia a este respecto de Jaime Gil de Biedma, cuyas respuestas a un reciente cuestionario podían contenerse en una línea.

maravillas del cine galerías
de luz parpadeante entre silbidos
niños con sus mamás que iban abajo
entre panteras un indio se esfuerza
por alcanzar los frutos más dorados
yvonne de carlo baila en scherezade
no sé si danza musulmana o tango
amor de mis quince años marilyn
ríos de la memoria tan amargos
luego la cena desabrida y fría
y los ojos ardiendo como faros

andré breton en trance

un chorro de vitriolo entre los ojos
y a esta hora
uno de abril quizás algo más pronto
dadas las coordenadas
andré breton arrodillado o en cuclillas
o más bien sentado como moro
oirá que dan los cuartos
y las medias
y las horas agraces
en su oscuro recinto de parís
un chorro de vitriolo entre los ojos
y el maestro vería
tan pájaro adivino dormido en la ventana
las mejillas hundidas de gurdjieff
el teatro vacío donde seguramente dan fausto o berenice
y la alegría
como un murciélago por los altos plafones
entre los senos bien cumplidos de las matronas griegas y
romanas
y toda la adorable antigüedad

oh los tremendos
viejos surrealistas
tocados con sombreros increíbles
lanzando guantes verdes
a las alcantarillas
sonoras de parís
de qué sitio inquietante
por qué escala encantada
vendrán los surrealistas
para incendiar el trombón
y tirarnos a la cara antifaces venecianos
o caretas antigás?
habrá torneo en maxim's
duelos en la sombra
niños
con encajes bucles muertos
envenenando parís

la Grande Guerre
(magritte)

I

Un condenado tipo mudo
está escupiendo huesos de cereza
bajo la viva luz

Se petrifica tras la hazaña
cambia de diapasón: es ahora
un lujurioso tipo inmaculado

Oú est le chapeau?
Le chapeau est dans la tête de monsieur

Decencia general en Centroeuropa
Caras azules tras la fricción de alcohol
Salvas guerreras Sólo Romain Rolland
muerto Jaurès
y aún así vacilante
                                        Quedaban los neutrales:
    Berna
            Zurich
                    dada

Un astuto atraviesa Alemania en un vagón sellado
y desciende en directo a la tribuna Gritos
que abarquillan el Gotha por la suerte del Tsar

II

¿Quién se atreve
a morder la manzana qué bocas de apestados
están tras la muralla de la City
con hogueras apenas elevadas en el cielo violáceo
quién entonces entona esa inútil salmodia
qué pretenden vestidos con ropones hipócritas
los albaceas entre los tizones
qué fue de aquellas gentes y de estas amarillas
rosáceas negras pútridas
qué estelas funerarias
(¡Adiós Lili Marlen!)
recuerdan a los últimos caldeos
qué quedará de esta larga molienda
de esta increíble fiesta del napalm
por qué palmea entonces Guillaume Apollinaire?

Una circunspección extravagante
unas correas de amarrar baúles:
dinosaurios ocultos suturas fieras del cuaternario
embargo general huellas
que parecen humanas en la greda

Ocultan los tirantes
el estertor final
los convulsos espasmos de la glotis

Tubos de neon irresistibles salas de vendaje
arbotantes ocultos a la luz cegadora
¿En qué perchas
se encoge palpitante el corazón
qué animales benéficos se podrán descubrir en los

recodos pétreos de la tela
a la mágica luz del petromax?

Tan sólo un grito
un sostenido aullido
una invasión de flechas tras la fruta:
Qué niña encantadora morderá la manzana por el lugar
correcto
—sus carrillos
se desprenden en los cercanos puestos de socorro—
Qué bruja
revienta sus frenéticas verrugas tras la pinta
en apariencia implume del honesto?

et voilà
(ives tanguy)

posiblemente llueve
se trata de dos nubes de unos huesos
vendidos es cuestión de naufragio
de salarios

                    se trata
de una maldita vez de los ahogados
que vuelven por su espalda grandes anclas
con cuernos de luz negra los ahogados

se trata
de unas chuscas libélulas
con apariencia de haber sido inmersas
en una forma humana

                                        en realidad
es una historia de perros
de verdaderos perros de tullidos
animales inútiles para todo trabajo creativo
de ahogados perros marionetas

no se trata de nada decisivo unos sacos
que estorban en el muelle
que los embarcaran c.i.f. como dice eliot
no es nada grave disuélvanse ya vamos

DE PERROS!

le grand verre
(duchamp)

En Nueva York los años han sembrado especies paralelas:
Tales langostas
Tales reinos mineros
Tales crisálidas fuentes secas ritos
Tales aguasdulces liquidación de últimos restos (risas
en locales cargados con el jazz
con el gas hilarante) Fiestas
Tales como trapecios émbolos
(Movimiento Continuo)

Así es posible todo: el desgaste de los bolsistas
corriendo a las iglesias perforadas por la explosión
Carneros degollados en Rockefeller Center
De esta manera el médium
el muchacho con la camisa a rayas la inquietante
transparente cabeza se irrita fuma mucho (pese al veto)
en el cementerio judío y luego abstrae vuelve
por una pinza entomológica y coloca un cristal
una diadema de dientes unos pajes
descoloridos mientras llueve centeno y hace muecas
Y fuma

Rabiosamente fuma y luego pica
cualquier azogue limpia el polvo aprovecha
unos gramos de mirra torna luego la vista y todo es polen
limaduras rastros

de macadam y alguien empuja puestas en el tapete
Y pierde

Ahora mide unos élitros
radiografía unos nimbos instala corta ordena
Ahora mira sarcástico
Ahora vuela al Registro de Patentes
Nieva en las escaleras incendiadas cantan
los pólipos arrecia el granizar de los bragueros

Y así se autentifica
Previo un resguardo satinado y húmedo
El arma colosal contra el estiércol

acodados en las irreales barandas
acodados resistiendo la marea de aromas
azaleas tamarindos
luna de california en el lento week-end
errantes aves marinas
                                        también
los barcos también
los barcos hacia lejanas islas madrepóricas
también los marineros empañados
                                                            también
los bidones vacíos las botellas vacías
las boyas arrancadas al pacífico
cuando acabó la victoriosa empresa
también los habitantes abisales
estaban al acecho marilyn

recuento de jugadas medias azules
prendas floridas en los hondos rincones
el incinerador a toda la presión
la inminente llegada del lechero
y
tú
con la muñeca fea la estantería con freud
las últimas camelias del jugador de béisbol
la cintura tronchada
                                      sirenas

impasibles en las rocas ella
fitzgerald canta luces de pasadena
tobogán de la angustia blanca luz sideral
también ellos
fumaban incansables y distantes
en los horrendos bungalows la luna aparatosa
en el lento week-end de california
laberinto de gatos vidrios en el asfalto
sombras inmemoriales casas de té llamadas
al vacío también
ellos
con pelucas postizas reventando de alcohol
suicidio de john gilbert
farsas de paula strasberg hediondez
del dramaturgo norteamericano

mil barcos de basora cargados con especias
techos de muérdago happy
christmas vigilias
esperando los besos imposibles
                                                            también
ellos los hornos crematorios
los pájaros nocturnos rebosantes de herrumbre
la sofocada baja amenazante noche
boulevard
del crepúsculo
                              ráfagas
de terror en los ojos enormes de mi amor
aferrada a su sucio frasco de nembutal

floristería en día no feriado

Por ejemplo
el buen tiempo se retrasa Ojos
tras los turbios cristales
Rojo espectro del sol Atardecida
morada Fraile señala frío
Y te asaltan las flores amarillas
en colosales ramos Qué disgusto
Tiempo Qué disgusto No duran!
Salida de la cueva y súbitas las flores
bien que no de campiña flores Sin merecerlo
el poco propio marco de la tarde
Ahí de cualquier modo ajenas a los humos naturales
al paraíso artificial del humo y el comercio
Flores correctas de ciudad
hiperbólicamente oliendo bien:
tinieblas químicas Y qué más da!
Topacios Una invención diabólica *Ciudad*
Irreal a babor y estribor Fallecieron
los brujos de una fuerte polución
Sólo queda un segado por las ingles
pidiendo unos centavos en la puerta del British
La Excepción y la Regla Luces
de paso Pestilencia de un país inconfeso
y en seguida y quizás hasta nunca
tímidas flores ciudadanas pequeñas
amarillas queridas (nunca supe de flores)

campánulas qué sé yo alhelíes petunias
se marchitan en un tránsito urgente
ante tus ojos de cartón cocido

poesía iniciática
desde la catacumba más hediente:

de este modo es posible conjurar
con resultado válido
nombrar como si no viniese al caso:

nervaduras así alas de mariposa
rencillas solventadas paso libre
a la paz   así
comprar el más mojado diario de la tarde

acertijos   así
o así
correo sur
cruz del sur

acertijos también

de esta manera opto por ser caníbal
porque de esta ruidos inmundos sifón
con averías desagües infinitos lejas
quemadas
jazz mahometano progresivo

de esta manera agravios indecencias

o de esta otra
confundo ya
los meses de dedo par dedo impar manque y passe
así
sacrificios incaicos
así llanuras con el bizco muy lejos no hay miedo
las manos son lo único se le atan a la esclusa
así
con gruesa soga
con cariados dientes
con cortafríos de esa forma científica
con cadenas
                                        un lobo
no un cordero   es un lobo
raja supura hiede pero así nos curamos
así robert jeantal la pícara justina

así

almacenadita bien prieta como estopa
como algodón cardado así con esos lacres
de esa loca manera le doy al pedernal
acercas tú la tea así de ese tenor
con semejante insuperable gracia
de cualquier forma ves?
se está quemando toda la CULTURA

JOSÉ MARÍA ÁLVAREZ

1942

Nacido en Casablanca.

Obra poética: *Museo de cera* (Manual de exploradores) (1960-1970) (inédito).

POÉTICA

Estimado Sr.

Me pide Vd. una Poética.

Me acuerdo de aquella noche en que tocaba Johnny Hodges. Y un curioso le preguntó que cómo tocaba. Entonces Hodges se quedó mirándolo, cogió el saxo, y empezando JUST A MEMORY, dijo: *Esto* se toca *así.*

Mire Vd. Yo escribo igual que aquella gente se iba con Emiliano Zapata.

No sé qué decirle. Escribir, aparte de todo, me parece una especie de juego. La Ruleta Rusa, por supuesto.

Considerando, además, que mi verdadera vocación es jugador de billar o pianista.

Si tuviera que encerrar en una sola frase lo que pienso de mi trabajo, le diría aquella del maestro A. Breton: AQUÍ Y EN TODAS PARTES HAY QUE ACORRALAR A LA BESTIA LOCA DEL USO.

Suyo,

José María Álvarez.

AQUÍ Y EN TODAS PARTES HAY QUE ACORRALAR A LA BESTIA LOCA DEL USO

El patizambo y la chepadita se aman apasionadamente y ofrecen, por tanto, en su doble aspecto, la mejor garantía para un «efecto armónico de segundo orden».

FRIEDRICH ENGELS

¡Siglo veinte, cambalache
problemático y febril...!

ENRIQUE S. DISCÉPOLO

Despide a Alejandría Nombre obscurísimo
Perdido en el bajorrelieve

Oh Derrotado

«Hombre astuto que erró mucho
tiempo» como se asegura
al comienzo de
la Odisea Hombre que
evoluciona en el conflicto

Qué historia

patética Incluso antes
El viejo Lao-Tsé pensando
seriamente en ahorcarse

La maldición no está anticuada

Inútilmente perece la Vanguardia

Tranquilo Bajo nombres antiguos
El verdugo Bajo fuegos antiguos

Disipación de Inteligencia

Toco
el piano para ti levemente
echada sobre tu cama Bajo
un techo confuso lleno de carteles

Porque sucede que los animales
con facilidad enferman

Que la prevención no evita
el rigor de sufrirlos
llevarlos a su última morada

Molestos como animales
Precisamente acostumbrados
a desaparecer sin ruido

Oh erótica y canalla mansedumbre

Ponga un pie primero sobre
la acera Luego suspenda
otro
Al grito «¡Viva Juana de Arco!» Déjese
caer penosamente
sobre la calle

Ojos Caras Manos Exvotos
de una grandilocuente Civilización
tránsfuga como Sade

Estructura económica del cadáver

Ya Fanon lo decía
                    La Tortura
es una modalidad de relaciones
entre ocupante y ocupado

Mas por encima del bien y del mal
y de los comic y del venerable
precedente de Antonín Artaud ya frío
con un zapato en la mano
Bajo el orgullo de la Soledad
Buenos días querida

Defiendo la Inteligencia y la Imaginación
Canto tus grandes ojos
Bella como Beatrice Henley en
el retrato que hizo Charles L. Dodgson

Oh Defender la Libertad

Lucha a muerte contra la Muerte y contra
quienes con ella pactan

Descifrar Hierónimus Bosch
Cualquier sala con ectoplasma

Una dulce maravillosamente desnuda
sobre sábanas verde play boy

Histórico! Histórico!

Hablarte por ejemplo de E. G. Robinson
literalmente borracho

Monseñor en el sastre Monseñor
en el sastre por supuesto N'est
pas le même

SPECTACLE AERONAUTIQUE ET EQUESTRE

Oh

Despide a Alejandría

Todo cuanto se mantuvo Mi amado
Byron Hermoso hasta negar las posibilidades
de morir Basin Street El cónsul
Firmin Igual perdido Antiguo
Como nosotros En general iluminados

Teniendo muy en cuenta el solo
de Lester Young en I can't
get started

La flor azul de la Locura

G. I. DON'T GO TO VIETNAM

Las escolares siguen afectándome

As time goes by

Adiós Maldita
Perdida como el coronel Buendía
bajo una luz espesa de geranios

Hace una noche loca

Un Arte Modernísimo hace

La relación establecida entre tus ojos
y Ernesto «Che» Guevara para siempre

Ese camino que con decisión lleva
de la floristería de Colosimo a
Dashiell Hammett O pueden invertirse
los términos

Mi vocación de muerte
De tanguista De enterrador en suma
Todo cuanto F. Scott Fitzgerald amaba
Y que aún continúa dulcemente
en el Salón de la rue des Moulins

NOCHE EN LA ÓPERA

En mi concepto, la melancolía es afección más importante y digna de estudio que las demás, ofreciendo especial interés cuanto se refiere a sus clases, síntomas, pronóstico y curación

ROBERT BURTON

Parece ser continuamos
Viviendo activamente
Con el viejo Fats Waller
Tocando en un rincón

Ofrezco un título: LOS MUCHACHOS
DE LA LINCOLN
30 AÑOS DESPUÉS

Y: Oh, catástrofe

(Nuestro mono trágico
Evadido del Zoo
Ha devorado a los presentes)

Felices ruidos muy astutos
Que Rimbaud no escuchó

Hablo de aquellos tiempos
De Humphrey Bogart en Casablanca

SOCIEDADES SECRETAS

... Y Monsieur de Franval se alejó, prohibiendo estrictamente a su esposa que volviera a mencionarle el tema

MARQUÉS DE SADE

También domestica fósiles para sonsacarles los secretos de la Evolución

PAUL ABLEMAN

De los asuntos que amo en este pueblo
destruido guárdenme
la gran pasión de Maribel Sepúlveda
la música de su famoso tango
el múltiple desvarío que desde el hundimiento
de las empresas familiares recorre
asiduamente su calle afrentándola
Oh rostro descompuesto
por la soledad y los barbitúricos
Pinchada enteramente como
un viejo muestrario hipodérmico
Ah Ah Ah Señora mía Ovarios de oro
Las manifestaciones incontroladas
del Gobierno sacuden esta noche
su dulce figura lánguidamente
depositada en el cenador
Oh abandonada desde
que Mr McListonne olvidó esta casa
su invernadero saturadísimo por
un viaje a Ultramar sintiéndose geógrafo
cartógrafo La vocación que dormía
en los ojos desencajados del Kaiser

colgado en su daguerrotipo tieso y raro
Largo es Octubre y dado
a cultivar la niebla
El caballero desaparecido
con Grant en Vicksburg Oh cielo
que anuncia Muerte
Lamentos en la sombra
inadjudicables Torres
de escalofrío
Sólo esta especie de amenaza
Aquellas bragas sacudidas
por el recuerdo de Francisco Villa
Maribel Sepúlveda callada y solitaria
Mecida por el tierno fonógrafo tan sólo
Y todos junto a ella considerando
la estructura de servidumbre asimilada
esta gran sala sin habitantes
las 17 medallas del inventor
McListonne Río Janeiro Deauville
Mr McListonne el errante
Enamorado allá en la selva como
Rimbaud de su abisinia Y para el resto
de los tiempos ya sin posibilidades
de regresar Grandes jugadores
grandes aventureros y bailarines de pro
Aunque dramáticos como Paul «Gardenia»
fallecido con el Titanic cuando tenía
al fin poker de Ases y lo mostraba
a una tripulación enfurecida
El tiempo pasa lento
como la Pavana
n.º 5 de Milan
Y de aquella hermosura sólo esta

incertidumbre La ciudad Este pasillo
Estos inconvenientes del Otoño
Su ilustrísima serenidad
La confabulación de la melancolía
ya declarada obscura
Su manto de catástrofes
Lo que sin duda ocurre
a los viajeros temerarios
Este presentimiento inútil
Esta carpintería del escándalo
Vuelvo una vez y otra
a una mansión inconsolable
donde el amor levanta su violencia
Profanación de enfermos
Oh perrera de los solitarios
Maribel Sepúlveda La última
hija de la familia antigua
Obsérvese su personal encanto
La frescura de unos ojos a
cuyo recorrido negada siempre
fuese la desventura
La blanca piel que 10 generaciones
de tenderos han fabricado astutamente
Oh dama Oh gala que acompaña
Un ritual precede al gesto
desenvuelto Un pacto
de no agresión
Oh consagrada al rito tenebroso
Sólo ella conoce la tradición
inviolable de los propietarios
mineros El arcón notarial
El viento dramático del XIX
cuando viceversa de Victor Hugues

llegaron a este poblado negras
de Trinidad Los animales muertos
Las últimas legiones de César
cargadas hasta reventar
Los reinos arrasados en el plomo
Vendas quemadas sangre seca
El estertor mortal de la llanura
Los sueños orgullosos del poblado
Minas famosas pozos asesinos
El dinero como un inmenso río desbordando
mesas de juego Una espesura
de aguardiente
de putas y pistolas
El lejano esplendor del territorio
La miseria con paso de estandarte
Antorchas de degüello y saqueo
Las campanas sin fin de la revuelta
Lo que ocurrió desde el Herciniano
a esta casa hoy muerta
de columnas blancas y suelos alfombrados
La reliquia perdida de una estirpe
fieramente comercial Oh salas
donde una vez hubiera música
delirio Flaubert en pelota por los pasillos
Todos ajenos al desastre
de la montaña A los mil ojos
que los miraban conspirando
Caballos capados con una botella rota
La lumbre despedazada de los dinamiteros
Oh desgracia que dio la platería
que aún reluce en las mesas
Sidol Criados Cuadros
de sorprendidos ingenieros

Son los funestos que se coronan
Y sin noticias de la insurrección
Bajo un día de fuego
en la luz erizada de la Sierra
comida por la pólvora y el viento
entierra esta ciudad sus ojos incendiados
Enfermedades solapadas
como Musa de médico
Los abogados
La desenfrenada orquesta del suburbio
donde olvidada sólo atenta
a sus manos la observación Chopin peut être
ah la triste cómo afina
cómo evita ser interrumpida
Absorta Trastornada
Evidentemente predispuesta
a muerte u objeto igual definitivo
Agujero Levitación Carne
de perro
Ah Maribel la trashumante
por la delgada línea de un suspiro
La triste enloquecida morfinómana
Arrastrando tras sí los aposentos
desnudos
Porque de aquel rosario sólo ella
fue la cuenta perdida
El desamparo inevitable
Los síntomas por completo
indefinibles de la soledad
Perdida Maribel Sepúlveda la viuda
de Mr McListonne el navegante
El perdido también

ADORABLES CHIQUILLAS

Mamá querida, ven a buscarme;
llévame a casa, dulce mamá.
Estoy borracho, lleno de males
y no me queda virginidad

ARNOLD WESKER

… Oh sí pero qué hermoso
veros pasar moviendo las caderas,
adorables chiquillas
con minifalda o con blue jeans.

(Las muchachas hacían strip-tease
en la soledad de sus colegios)

Maravillosas niñas,
amores de una sola noche
en hoteles perdidos.

Tocaba Charlie Parker.

Un grito ha roto el espejo.

Enloquecido me dispongo
—contando cuanto haya
de fetichismo y alienante—
a ser feliz.

Dulce aventura loca…

SALARIO, PRECIO, BENEFICIO

¿Por qué de pronto esa inquietud
y movimiento? Cuánta
gravedad en los rostros. ¿Por qué vacía
la multitud las calles y las plazas y sombría regresa?
Porque la noche cae y no llegan los bárbaros.
Gentes recién venidas de la frontera afirman
que ya no hay bárbaros

KONSTANTINO KAVAFIS

Yo soy un animal traidor, vuestro *animal traidor y vil!*

ROBERT MUSIL

En esta incierta hora donde salvo
el Concierto n.º 3 de Brandeburgo
nada parece asegurado. Las primeras
sombras de Invierno lentas contra
las flores que planté. Ya desvaída
la luz. Y sólo el triste
corazón empeñado
contra la Gran Señora.
A esta edad en que empiezo
a ver claro a mis jueces.
El siglo está servido.
Y nosotros debemos descartarnos.

LIBERTAD CONDICIONAL

Era como si una vez más estuviese (en lugar de encontrarse en el umbral del Salón Ofelia contemplando la tranquila piscina donde Yvonne y Hugh estaban a punto de nadar) en el negro andén descubierto, al otro lado del cual crecían las coronillas y las ulmarias, y al que había acudido, después de beber toda la noche, para recibir a Lee Maitland que regresaba de Virginia a las 7.40 *de la mañana; había acudido ligero, con paso rápido y en aquel estado de ánimo en que ciertamente se despierta el ángel de Baudelaire*

MALCOLM LOWRY

Descanso sin bajarme del caballo
El calor destroza cuanto se ve
Ante mí la Frontera
Una voz me dice No cruces nunca esa Frontera
Fumo un cigarro
Sacudo mi uniforme de 35 campañas
Indiferente como un caballero
Que lo ha perdido todo y no espera ganar nada
Cruzo el río

UNA DELIRANTE SEÑORA SUFRE HORRIBLEMENTE

El monóculo del Marqués de Forestelle era minúsculo, no tenía reborde y obligaba al ojo en que iba incrustado a una crispación dolorosa y constante, como un cartílago superfluo

MARCEL PROUST

La vieja de las lilas yace muerta*
en la oscura puerta del café.
Los camareros le torean el alma.
En un chillido lánguido
las melancólicas personas
esconden sus pulseras, sus pendientes.

—Y yo, tan blanca y presentable,
voy a ser deglutida por el monstruo?

Sí, señora!

* Por motivos de censura, *Un policía yace acribillado* quedó convertido en *La vieja de las lilas yace muerta.* (Nota del autor, 2000.)

HISTORIA MARAVILLOSA A LAS 3 DE LA MADRUGADA

¡Ay, muerte! ¡Muerte seas, muerta e mal andante!

JUAN RUIZ EL ARCIPRESTE DE HITA

Un rasgo desagradable de este estado de cosas, en otros sentidos tan satisfactorio, era la necesidad de secreto

AMBROSE BIERCE

Sólo quedamos vivos
Sobre la ciudad kaputt
Johann S. Bach y yo
Y los dos muy borrachos

LOS PRESENTIMIENTOS

Y tú, su hora fatal, la que entre todas
Fuiste elegida para daño nuestro,
Despierta a tus oscuras compañeras

PERCY BYSSHE SHELLEY

Oh tú la más hermosa
De las guerras
                    loca
Echa las cartas No
Hay límite
En mi apuesta
Oh inocente Luna
De los suicidas suenas
En mi cabeza tristemente
Tristemente
Como un violín

2
LA COQUELUCHE

El signor Carminatti era alto, de bigote negro, la nariz corva, los ojos rasgados y lánguidos, la gesticulación graciosa y un poco apayasada; al mismo tiempo estaba triste y alegre, melancólico y risueño, cambiaba de expresión en cada momento (...)
—Es la coqueluche de las damas—decía burlonamente de él la condesa Brenda.

PÍO BAROJA

—Diablo, Kerry, ¿qué es todo esto? Te juro que no he entendido nada, y yo también soy del oficio.
—Es un poco artificioso, nada más—dijo Kerry.

FRANCIS SCOTT FITZGERALD

FÉLIX DE AZÚA

1944

Nacido en Barcelona. Estudios de periodismo y Ciencias Políticas.

Obra poética: *Cepo para nutria* (Madrid, 1968). *El velo en el rostro de Agamenón* (inédito).

POÉTICA

Aquel día los Hermanos decidieron hacernos gozar los beneficios de un arte supremo. Yo creo que en todo el colegio apenas habría tres o cuatro personas dispuestas a tomar la cosa con el debido respeto. De modo que cuando salió el rapsoda, el patio de butacas de aquel espantoso salón de actos era lo que lógicamente cabía esperar: un hervidero de pigmeos rabiosos y religiosos enfebrecidos disputándose la primacía del barullo. Unas decididas palabras del Hermano Prefecto establecieron un silencio cargado de amenazas por ambas partes, silencio que aprovechó el artista para declamar, a la mayor velocidad posible, un considerable número de poemas, recitados con distintas y matizadas intensidades sonoras. Yo era muy pequeño, pero recuerdo que me impresionaron poderosamente dos poemas; en uno de ellos el rapsoda lograba imitar con sorprendente precisión el relincho de una yegua; en el otro—que luego supe seleccionado de «Platero y yo», un alarde de vanguardismo en aquel ambiente de escleróticos—a falta de delicuescencias rítmicas el artista recitaba cabeceando de un lado a otro con la inmejorable pretensión de hacernos creer que era el auténtico monólogo de un burro. La imitación de Platero y la suplantación de personalidad fue tan aplaudida que el desdichado tuvo que repetirla. Quizá por eso lo recuerdo.

Cuando sucedió este festejo hacía ya unos meses que yo escribía un tipo de creaciones que consideraba clasificables como poemas. Pero después de descubrir aquel insospechado dominio, decidí transformar la poesía del país. No sé si por entonces yo pensaba en el país o en el otro chico de la clase que a veces también sacaba diez en las redacciones y al que me había propuesto aplastar como una chinche, pero el caso es que me juré no escribir absolutamente nada parecido a lo que acababa de oír. Aquello fue una tragedia.

Años más tarde arrastraba yo una carpeta con trescientos folios conspicuamente clasificados en el apartado de «poesía». Era hacia el 61 y yo me pudría en una pensión de Pamplona, ciudad a la que llegué desde Barcelona sin más tránsito que un sermón oído por la radio del coche. Como no me planteaba la cuestión de publicar, era francamente benévolo conmigo mismo y almacenaba cualquier poema que me pareciera digno de figurar entre los otros (los otros eran los poemas que iban a lanzarme a la gloria). Pero de repente entré en un cenáculo literario. Era en Madrid y yo era mayor de edad. Sucedió que todos éramos estudiantes mal cobijados en pensiones del barrio de Salamanca y solíamos almorzar en el mismo lugar. Yo oía, hacia el fondo de la tasca, un canto de sirenas que consistía, sobre todo, en una letanía de la *kulchur*—«¡Octavio Paz, Wallace Stevens, Paul Jean Toulet, George Eliot!», me decían aquellas voces—, de modo que un día me acerqué al lugar con un ostentoso «¡Lezama Lima!» bajo el brazo. Fui inmediatamente adoptado.

Por medio de aquellos magníficos compañeros conocí al único maestro vivo: Aleixandre, al que, siguiendo el ritual de cien mil anteriores jóvenes inéditos, le mostré mi carpeta de los trescientos folios. Aleixandre, en lugar de despedirme, que parecía lo sensato, tuvo la paciencia de insinuar que sería mejor que le llevara una selección más rigurosa. Y así, tras una criba trágica, me quedé en veinticuatro poemas que aparecieron bajo el pintoresco título de «Cepo para nutria». Aquí finaliza la etapa heroica.

A partir de ese momento y a lo largo de tres años más, he escrito otro libro, todavía inédito pero con predisposición a no estarlo, muy distinto al primogénito. Me ocupó los años 67, 68 y 69, aunque incluye la revisión de un poema de 1963. Estos tres años han sido muy útiles porque han servido para reconciliarme con muchos de los poetas que antes (cuando quería cambiar el mundo), detestaba. La poesía es un arte sutil y requiere mucha sutileza para poder disfrutarla y debo reconocer que en mi adolescencia he sido bastante grosero.

También en esta época he procurado aprender a dirigir lo que escribo y a no dejarlo cabecear como el admirable imitador del burro blanco. Construir un poema o una serie de poemas con método me parece lo más difícil de nuestro oficio.

Otro resultado de la memorable sesión de poesía que me brindaron las inquietudes culturales de los Hermanos, ha sido mi escepticismo sobre las posibilidades que tiene la poesía de cambiar el mundo. Toda una parte de nuestra poesía actual está convencida de que un poema es un objeto arrojadizo y cuanto más arrojadizo más poético; por el contrario yo creo que lo único arrojadizo son esos poetas.

Es curioso pero las respectivas ideologías de los poetas no tienen apenas influencia sobre su obra; entre los de ideologías repugnantes hay personajes imprescindibles como Pound o Eliot y entre los otros, lo mismo. No me parece muy difícil olvidar las atribuciones políticas a la hora de enjuiciar un poema, del mismo modo que no me parece aconsejable calificar a Donne de anglicano reaccionario y a Milton de puritano progresista. La tácita idiotez de ciertas concepciones de la historia o de la sociedad sólo me interesan cuando se manifiestan como idioteces poéticas, si juzgo a la literatura desde la literatura y no desde la tribuna electoral.

TAMERLÁN

guevara

La gente dijo de él que fue muy frívolo
juventud amor y muerte: la flor entre los huesos.
La gente dice que su muerte es bienvenida
pero muchos lloramos, la célebre experiencia
el sereno final.

Le rezamos rodeando el catafalco y observando
cuervos ansiosos por besar su carne.
Somos nosotros los cirios, cuatro hermanos
y sus coronas fúnebres
a nosotros sorprenderá la aurora cubiertos de rocío.
Cuando todos descansen empezaremos a cavar su hoyo
¡nueva matriz!, que de ti salga un nuevo Tamerlán.

ISAÍAS

un guardia va de rojo

Se avecina la muerte va a empezar el deshielo
y mira al Este.
Del bosque bajan las ardillas los pinzones
en tierra dejan caer sus plumas.
Mira al Este ¿sabes
que empieza ya el deshielo?
Viene la muerte
canción de la Comtesse de Die, el arpa de Nerón
algo que cante la Roma del deshielo nueva Roma.
Porque el deshielo viniéndonos del Este
borrará nuestros caminos vecinales
la cascada que arrasará los bosques
no quedará una casa
y bajarán a flote en la avenida
la catedral de Amiens ¡oh violín de Cremona!
El hielo muere al Este
y ya no queda tiempo para un dique.

GABINETE DEL MAGO

Mientras de mi clepsidra se destila
un nuevo no man's land
la piel se resquebraja
pierde su liso color pálido Anglada Camarasa
cuando a través de la laguna de cigüeñas
los picos de metal deshacen tristes fríos peces
fríos peces.

Nueva ausencia sin fondo
y por detrás del aire
donde esos pájaros espían.

ANTES MORIR QUE PECAR

Estás triste, los desnudos no te afectan
y sus caricias resbalan por tu dorada piel.
Salidos de una piscina de sangre diluida,
estos ángeles rojos no te afectan y en ellos sólo ves bronce,
Pollajuolo, Cristo.
Su llamada es lejana e insistente;
están maquillados con dureza y ellas muerden sus labios.

Estos desnudos te entristecen—¿quieres que seamos
amigos?—;
estos desnudos no te afectan,
aunque te embriagues con el aroma de tanta página.
¿Y la Virgen, oh María del Pilar, estos adolescentes
que aprietan pesadillas en pequeños sostenes
nubes de nylon y tormentos,
baños de espuma rosa, sus pesadillas?
Salen de un río de plata
y la naturaleza los disfraza como el Céfiro a Flora;
ellas miran de frente
como esperando ser dulcemente castigadas por un nazi.
No pueden afectarte los desnudos
vuelan entre ellos Perseo y Clitemnestra
y no piden cariño sino asombro,
¿su amigo vas a ser? Suenan los cascabeles
cuando extiendes la mano y la sonrisa,
mas recuerdas,

y el huracán de la memoria mezcla cines y discos y muñecas:
alguien corta tus dedos. Estos desnudos,
estos vidrios latentes no deben afectarte.

Así, con un delirio de brasas y de lágrimas.
tu enloquecido NO los decapita.

¡Suicidios precedidos por el salvaje grito,
la frase eterna de San Luis Gonzaga!

TAPARRABOS

power

El oro tiene tantos significados
cuando tu mano pueblan los anillos
o perforando el labio
el largo clavo dobla las comisuras
¿qué peso lo transforma?
El color hace la piel más negra
porque peso y color son para ti lo mismo
un peso blando un color puro
hacen la máquina para los sacrificios
dan la orden de que se inicie el rito.
Cargados de oro pues
lamidos por serpientes, cubilete de los significados
convertidos en sacerdotes de aquella religión.

MEMENTO EN LA FERIA DE SAN ISIDRO

De poco corazón poco elegíaco cansado de la ciencia
no leídos los tristes libros las oraciones ambiguas
embarcado sin reloj de pulsera desconociendo las estrellas
cansado de la sabiduría el astrolabio es un nominativo.

También el movimiento cansado y arrastrado
metronómico por ser numeración no nombre
el tren recorre el puente y luego cae.

Poco noctámbulo pero desorientado y afligido
de desconcierto enmarañado en las acciones irregulares
los verbos los pronombres castigados de cara a la pared.
Completamente amable.

La ceniza de toda la ceniza ceniza enamorada:
lo priápico amordazado y seco tembloroso
para hacerse un amuleto contarlo a los amigos
para lanzarse desde el último piso.

EL JUGADOR DE DÁTILES

El pentotal paqué

OLIVERIO GIRONDO

Me dan los dados, dicen: ¿tiras o la muerte?
con ellos juegas con su juego vives
donde nace la fórmula te haces
donde se rompe acabas.
Y si te dan los dados te dirán: ¡juega la vida!
porque los dados son la cara del insomnio y la pena
y otros hasta doce retratos. Por eso te dirán:
apenas dejo yo dinero en este par
¡ya!, dobles, para ti la suerte
—Para mí la desgracia, centeno y sidra, ésa fue mi desdicha.
Rancio es el olor de la taberna, sé lo que juego
y si lo arriesgo es ocio, no aventura.
—¡Tira los dados! Seis figuras contiene cada uno
la muerte se desliza entre los puntos negros
suma su sino goza la ganancia.
—Tirar pá qué. Los pentotales nada.
—Para eso estamos, dale ya, no jodas.
Tiro, rodean el tablero, giran matan.
—Mal paso.
Siempre fue así, entre cebada y hule de pequeño
ahora de grande con acero y cristal.
Cojo los dados, los peso, arrojo y ¡dame!
azar, peso del tiempo, sacrilegio,
cantan bailan suben bajan regocijo geométrico
galanteo de puntos. Resultado.
Avena y trébol, tristeza misma de bacalao y patata

norma del hombre que nunca fuese al cine.
Esto es así:
comprender que las fórmulas vacilan ante la regla
la matemática se incendia ante el derecho
lo abstracto teme a la barbarie del fascista concreto.

ROMANCE TECNÓCRATA

Silbando su tonada hacia la izquierda
con el tren bajo las nalgas de melocotón
el pecho atravesado todavía por una dentadura
y desdén de la pierna por la media de nylon
camino de la ventilación de un asunto amoroso
se lanza al mar y pide dos horchatas
brindando con el aire «¡salud salud!»
se acerca entonces el bruñido atleta
«sé lo que pasa y que tu weltanschauung
la voluntariedad, quiero decir;
él en cambio—plagiando a Scott Fitzgerald—,
es escolástico hasta en la compra de tabaco».
Ella grita con júbilo y sonríe
por la noche y en íntima fusión los dos orines
cantan a dúo:
—«Nada tan claro como las ciencias del espíritu
nada tan taylorista como la psiquiatría».

FUNCIÓN SUPERESTRUCTURAL

Literatura es la forma de historia
como si hacer poesía fuera la leyenda de una sola palabra
monasterios helados la tinta fue secada con pólvora
desde el puente de mando o ante las ruinas
nadando para cruzar el río o unidos a naciones extrañas
meditativos—la aristocracia es la esencia de la literatura—
al borde del río y del sepulcro.
Una forma de historia muy sutil
no por eso menos unida a la guerra y los dioses
enamorada de lo imperecedero—soberbia, sí—
(oh Señor Dios de los ejércitos)
fragantes y coquetas cuando los nobles cortesanos
unían ambos polos largas colas y puños esmaltados
buenos tiempos para volver a Anfriso y Galatea.
La gran forma de historia *Tod ist Freude* madre
atlantes rubios antropófagos.
Al disfraz de método y sistema
medio ciegos mezclados hacia dentro hacia fuera
descubiertos en sucios barrios conocidos cuartos
detenidos junto a bacantes y corruptos senadores
subidos en el veloz camión hacia la cárcel
tan arrepentidos como inocentes. Literatura es la historia
letra de historia donde la lupa puede ver los sistemas
en frases que se muerden la cola
rastrear entre palabras victoriosos términos
capítulo final antes de abrir epílogos de la materia.

SOLDADESCA

Lenin piensa en Finlandia

Las fauces del tigre están llenas de sangre
el hombre libre merca sus lágrimas de plata sus gestos
suena un pistoletazo en el barrio judío
una conciencia más que explota dice el Führer

No tengo carros ni munición ¡aguantad como podáis!
el coronel telegrafista mueve la manivela
pensando en su mujer (una georgiana sentimental)
y el carrusel aquel de Beograd ambos sin pasaporte

Como si hubieran sido higos podridos
la lengua de la hiena está irritada
¿cómo dices que llaman en tu tierra a las mujeres de la
vida?
¿y a las que nunca te dejan hacer nada?

Duerme la tarde y oscurece las suaves torres
ciruelas malvas como atacadas por un hielo salvaje
la brigada hace guardia en San Juan de Acre son
como avispas doradas a la luz de un quinqué

Todo esto sucede en Moscú en enero de 1919
cuando por el más largo corredor del Palacio de Invierno
el caballo de Kornilov galopa enfurecido.

PERE GIMFERRER

1945

Nacido en Barcelona. Estudios de Filosofía y Letras y Derecho.

Obra poética: *Arde el mar* (Barcelona, 1966). *La muerte en Beverly Hills* (Madrid, 1968). *Poemas* 1963-1969 (Barcelona, 1969).

POÉTICA

Empecé a escribir poesía de un modo más o menos deliberado y consciente—antes hubo tanteos infantiles—a los trece años, es decir, en el momento de mi más grave crisis de adolescencia. Mi precoz dedicación a la lectura proviene quizá de mis meses de convalecencia de una enfermedad de la infancia, a los ocho años, y ya a partir de entonces destacaría en los ejercicios de composición y se aplaudiría mi feliz memoria y conocimiento de los clásicos—a los que luego, naturalmente, me ha sido preciso redescubrir. Recuerdo unos Ejercicios Espirituales, impuestos por el colegio religioso en que estudié el bachillerato, a los que acudí—tendría yo catorce años—, con un libro de Kafka, que, descubierto por el Padre Visitador, no dejó de causar, más que escándalo, estupefacción si bien el libro se reputó disolvente y en último término vinieron a decirme que eso estaba bien para mí pero que no lo prestara a mis compañeros. Mi timidez y mi desfase del mundo exterior contribuyeron a encerrarme de tal modo en la esfera del arte que puedo decir que hasta mis veinte años no vivía para otra cosa, y todavía es éste mi último refugio cuando los asuntos van mal y vuelvo a convertirme en el adolescente acosado e inseguro de entonces. Aunque leía muchísimo—en un tiempo, ocho horas diarias—, la cosa cambió un poco a partir de los diecisiete años, época en que empecé a tratar a otros *jeunes Turcs*, presentes los más en esta antología, y uno de ellos—Francisco Ferrer Lerín—desaparecido luego misteriosamente, hasta hace muy poco. A esta edad escribí un libro de poemas—en realidad, un solo extenso poema—, titulado *Malienus*, que permanece inédito. Estaba escrito en alejandrinos blancos, sin puntuación, presidido por la obsesión del ritmo, las imágenes, el poder sugestivo de un lenguaje extremadamente barroco y muy influido por Saint-John Perse. Era, por lo demás, escritura automática. Descubrí entonces también el jazz y empezaron a perfilarse mis gustos cinematográficos. Se inició mi gran época de pasión por el cine, y casi exclusivamente por el cine americano, pues yo era lector asiduo de «Cahiers du cinéma». Mi desinterés por la literatura imperante entonces en España era completo, así como mi falta de respeto por las escalas de valor establecidas: a mí me gustaba la poesía modernista, la novela erótica de 1900, los folletines, etc.; es decir que era, como tantos otros, practicante del *camp* «avant la lettre». Mis poetas preferidos eran, en España, los del 27, a quienes debo mucho, y fuera de ella, además de Perse, Eliot y sobre todo Pound. Posteriormente descubrí el siglo XVII español y los elegíacos latinos. En prosa (yo, de hecho, he leído siempre más novela que poesía), Faulkner, Proust y Henry James. Siempre me sentí deudor del surrealismo. Todo ello (estas lecturas, esta pasión por el cine, estos gustos estéticos) no era un aspecto de mi vida, sino toda mi vida; no había otra cosa en mi vida que esto. Ya hacia los diecinueve años el interés por el cine llegó a ser tal (coincidiendo con el final de mi aislamiento del mundo exterior) que relegué mis poemas al olvido y los que de tarde en tarde escribía ni se me ocurría pensar en publicarlos. No sin reluctancia, se los mandé a Vicente Aleixandre tras habérmelos pedido él repetidamente, movido aún no sé muy bien por qué razones; él me convenció de que debía publicarlos, y no es éste el lugar de extenderme sobre cómo este estímulo y la amistad que le acompañaba favorecieron mi vocación y centraron mi inestable personalidad. No era yo muy consciente de hasta qué punto mi poesía y mi actitud personal ante el arte diferían de las comunes hasta el momento en España; es más, se oponían a ellas. Todavía hacia esta época, o inmediatamente antes, es decir, en mis diecinueve años, se sitúa mi descubrimiento de Octavio Paz, que ha tenido en mí una gran influencia no sólo como poeta sino también como teórico (o mejor: como actitud ante el arte) así como a nivel personal. Posteriormente, mi puntual asistencia a los coloquios generacionales y la lectura entre sorprendida, irónica, alarmada y triunfal de diversos textos me han dado la vaga idea—como cuando uno recuerda borrosamente a un personaje que conoció de pasada hace tiempo y reconoce en él a alguna celebridad de incógnito—de que todas estas cosas, y otras que me callo en gracia a la brevedad, configuraban algo que en algún modo difería de lo que venía siendo la literatura española en años anteriores y que, lejos de tratarse de un simple suceso personal mío, yo participaba a mi manera en un fenómeno más amplio.

Suelo escribir escuchando jazz, o bien la radio, y ésta indiscriminadamente, o casi. Tengo casi siempre presente alguna referencia cinematográfica, aunque luego muchas veces no llega al lector, pues su función era simplemente la de ayudarme a mí. Me gusta la palabra bella y el viejo y querido utillaje retórico. Suelo proceder por elipsis; es decir, que de una primera redacción más extensa de mis poemas elimino los nexos de asociación de ideas. Éste, y el rítmico, son los criterios que principalmente guían mis supresiones. Incorporo al texto, con un sentido distinto, cualquier cita o referencia que se me aparezca como naturalmente sugerida.

Por lo demás, a la poesía en la que actualmente trabajo—mi primer libro en catalán, titulado provisionalmente *Els miralls*—no le son quizás plenamente aplicables algunas características que podían parecer inamovibles en mi obra anterior. Cabe esperar que ello suponga un progreso.

ODA A VENECIA ANTE EL MAR DE LOS TEATROS

Las copas falsas, el veneno y la calavera de los teatros.

GARCÍA LORCA

Tiene el mar su mecánica como el amor sus símbolos.
Con qué trajín se alza una cortina roja
o en esta embocadura de escenario vacío
suena un rumor de estatuas, hojas de lirio, alfanjes,
palomas que descienden y suavemente pósanse.
Componer con chalinas un ajedrez verdoso.
El moho en mi mejilla recuerda el tiempo ido
y una gota de plomo hierve en mi corazón.
Llevé la mano al pecho, y el reloj corrobora
la razón de las nubes y su velamen yerto.
Asciende una marea, rosas equilibristas
sobre el arco voltaico de la noche en Venecia
aquel año de mi adolescencia perdida,
mármol en la Dogana como observaba Pound
y la masa de un féretro en los densos canales.
Id más allá, muy lejos aún, hondo en la noche,
sobre el tapiz del Dux, sombras entretejidas,
príncipes o nereidas que el tiempo destruyó.
Qué pureza un desnudo o adolescente muerto
en las inmensas salas del recuerdo en penumbra.
¿Estuve aquí? ¿Habré de creer que éste he sido
y éste fue el sufrimiento que punzaba mi piel?
Qué frágil era entonces, y por qué. ¿Es más verdad,
copos que os diferís en el parque nevado,
el que hoy así acoge vuestro amor en el rostro
o aquél que allá en Venecia de belleza murió?

Las piedras vivas hablan de un recuerdo presente.
Como la vena insiste sus conductos de sangre,
va, viene y se remonta nuevamente al planeta
y así la vida expande en batán silencioso,
el pasado se afirma en mí a esta hora incierta.
Tanto he escrito, y entonces tanto escribí. No sé
si valía la pena o la vale. Tú, por quien
es más cierta mi vida, y vosotros, que oís
en mi verso otra esfera, sabréis su signo o arte.
Dilo, pues, o decidlo, y dulcemente acaso
mintáis a mi tristeza. Noche, noche en Venecia
va para cinco años, ¿cómo tan lejos? Soy
el que fui entonces, sé tensarme y ser herido
por la pura belleza como entonces, violín
que parte en dos el aire de una noche de estío
cuando el mundo no puede soportar su ansiedad
de ser bello. Lloraba yo, acodado al balcón
como en un mal poema romántico, y el aire
promovía disturbios de humo azul y alcanfor.
Bogaba en las alcobas, bajo el granito húmedo,
un arcángel o sauce o cisne o corcel de llama
que las potencias últimas enviaban a mi sueño.
Lloré, lloré, lloré.
¿Y cómo pudo ser tan hermoso y tan triste?
Agua y frío rubí, transparencia diabólica
grababan en mi carne un tatuaje de luz.
Helada noche, ardiente noche, noche mía
como si hoy la viviera! Es doloroso y dulce
haber dejado atrás la Venecia en que todos
para nuestro castigo fuimos adolescentes
y perseguirnos hoy por las salas vacías
en ronda de jinetes que disuelve un espejo
negando, con su doble, la realidad de este poema.

CASCABELES

Aquí, en Montreux,
rosetón de los ópalos lacustres,
hace cincuenta años pergeñaba Hoyos y Vinent
la alucinante historia de lady Rebeca Wintergay.
Eran sin duda tiempos
—belle époque—más festivos, con la vivacidad burbujeante
de quien se sabe efímero—atronaban
los cañones del káiser la milenaria Europa, nunca el azul
de Prusia
fue tan siniestro en caballete alguno—.
Rubicunda y nostálgica,
núbil walkiria de casino y pérgola,
la Gran Guerra ascendía, flameantes al viento
las barbas dionisíacas de Federico Nietzsche.
Tiempos de confusión, Dios nos asista, un hálito
estrangulaba los quinqués, ajaba
premonitoriamente las magnolias.
Algo nacía, bronco, incivil, díscolo,
más allá de los espejos nacarados,
del tango, las anémonas,
los hombros, el champán, la carne nívea,
la cabellera áurea, el armiño,
los senos de alabastro, la azulada
raicilla de las manos marfileñas,
el repique, la esquila—¡tan bucólica!—
en el prado del beso y la sombrilla.

Merecían vivir, quién lo duda, los tilos
donde el amor izaba sus corceles,
los salones del láudano y porcelana chinesca
aromados por el kif de Montenegro.
Una canción de ensortijados bucles,
una sedeña súplica llegaba
de las postales vagamente mitológicas,
nebulosamente impúdicas, de los rosados angelotes
—púrpura y escayola, rolliza nalga al aire—
que presidían los epitalamios.
Maceración de lirios, el antiguo gran mundo
paseaba sus últimas carrozas
por los estanques que invadía el légamo.
Y en el aire flotaba ya un olor a velones, a cilicios,
a penitenciales ceras, a mea culpa,
a reivindicaciones
de inalienable condición humana.
Yo, de vivir, Hoyos y Vinent, vivo,
paladín de los últimos torneos,
rompería, rompió la última lanza,
rosa inmolada al parque de los ciervos,
quemaría, quemó las palabras postreras
restituyendo el mundo antiguo, imagen
consagrada a la noria del futuro,
pirueta final de aquella mascarada
precipitada ya sobre el vacío.
Yo, de vivir, Hoyos y Vinent, vivo,
tanto daríamos, creedme,
para que nada se alterase, para
que el antiguo gran mundo prosiguiese su baile de galante
harmonía,
para siempre girando, llama y canción, girando
cada vez más, creedme, tanto diéramos,

hasta el vértigo girando, Hoyos y Vinent, yo,
aún más rápido, siempre, tanto porque aquel mundo
no pereciese nunca, porque el gran carnaval
permaneciese, polisón, botines,
para siempre girando, cascabel suspendido
en la nupcial farándula del sueño.

INVOCACIÓN EN GINEBRA

«En la protesta—respondió sincero—
se vive con mayor desenvoltura,
mas para bien morir...»
                                        Palabrería
tiempo atrás insuflada, tiza en pizarra virgen,
no recordáis, colegio, en fila india,
mas para bien morir, fútbol, santo rosario,
pese a Lutero, mens in corpore, es lo justo,
la católica, madre, cuántos días, primer viernes,
te confesaste, es más segura, te confesaste, la católica,
                                    sincero.
Te confesaste, y era—pese a Lutero—un corredor y al fondo
rejas labradas, ébano, caoba,
qué sé yo, sándalo, roble, nogal, pino,
madera, daba igual, labrada, beso
a la estola—¿o manipulo?—, a la cruz
dorada—¿o más bien amito?—y después, cuántos días,
dónde, con quién, por cuánto tiempo, qué,
quibus auxiliis, cur, quomodo, quando.
Pese a Lutero.
                            Y en cuanto a Calvino
ya se sabe, es notorio, Miguel Servet,
tan fielmente descrito por el eximio Menéndez y Pelayo—
¿te confesaste?—en el tomo cuarto de los Heterodoxos.

Tiempo destruye a tiempo, voz a voz, hombre a hombre.

Sueño destruye a sueño. Otro es el mío ahora.
Lejos anduve, todo
quedó al fondo, no sé, marchito, estéril.
¿Quién remueve en la espuma su cadáver de niño?
¿Quién rescata al silencio el pasado y sus máscaras?
¿Quién al espejo pide
la desvaída imagen de un extraño?
Así yo, transeúnte del olvido,
mi andadura instauraba.
                                        Mas de pronto
Ginebra, el Leman, rúas, anticuarios,
libros, hallazgo, y luego
la catedral depone sus ojivas,
bronca grandeza de Calvino, salgo
a la calle, tejados, una fuente,
conjurado verdor de una arboleda
y el encuentro.
                        Terrasse
Agrippa D'Aubigné.
                                Y era verdad tu predio,
viejo hugonote, alejandrino o magma,
antorcha o verbo, espada o profecía.
Y era en verdad tu predio, y tu invectiva
ascendía iracunda en este límpido
mediodía agostizo, en esta vieja
ciudadela de herejes—Amiel, Rousseau, Calvino—,
                                    filisteos y rusos en exilio,
jirones del armiño, vástagos de la púrpura ultrajada.
Y era verdad tu predio. Tal planeta evidente,
crepitaba en el aire tu fe de antiguo tronco,
vegetal salmo en éxtasis.
                                        Y me fue dado amarte.
Viejo y querido Agrippa, restituyo

—ô vermine espagnolle, no, no soy san Ignacio—
restituyo la voz, el jardín de mi infancia,
ya sin espectros, libre, puro, etéreo,
llega, Agrippa, conmigo,
                                        se diría
este jardín callado de Ginebra
que hoy ostenta tu nombre
                                                  oh jardín de mis años,
oh jardín de mis años y quién sabe
dónde mi nombre, Agrippa, mi recuerdo,
lo que fui entonces, lo que seré, en qué calle,
en qué terraza angosta, en qué playa o destierro,
olvidado, sin fe, no así tu historia,
pese a Lutero, dónde, de mi infancia al silencio,
oh jardín de mis años, lo que soy, lo que fui,
algo me aguarda, cuándo, Agrippa, muerte,
primer viernes, y aún sin confesarme,
quibus auxiliis, cur, pese a Lutero,
tened piedad de mí, mi colegio, mis versos,
hoy en Ginebra, vivo, todo pasó, escuchadme,
no responden, no hay eco, dónde mis verdes años,
tened piedad de mí, hombre soy, he vivido,
Agrippa D'Aubigné, séme benigno, que tu Dios acepte
la derramada rosa de mi sangre mortal.

LLEVAN UNA ROSA EN EL PECHO LOS ENAMORADOS...

Llevan una rosa en el pecho los enamorados y suelen besarse entre un rumor de girasoles y hélices.

Hay pétalos de rosa abandonados por el viento en los pasillos de las clínicas.

Los escolares hunden sus plumillas entre uña y carne y oprimen suavemente hasta que la sangre empieza a brotar. Algunos aparecen muertos bajo los últimos pupitres.

Estaré enamorado hasta la muerte y temblarán mis manos al coger tus manos y temblará mi voz cuando te acerques y te miraré a los ojos como si llorara.

Los camareros conocen a estos clientes que piden una ficha en la madrugada y hacen llamadas inútiles, cuelgan luego, piden una ginebra, procuran sonreír, están pensando en su vida. A estas horas la noche es un pájaro azul.

Empieza a hacer frío y las muchachas rubias se miran temblando en los escaparates. Un chorrear de estrellas silencioso se extingue.

Luces en un cristal espejeante copian el esplendor lóbrego

de la primavera, sus sombrías llamaradas azules, sus flores de azufre y de cal viva, el grito de los ánades llamando desde el país de los muertos.

EN LAS CABINAS TELEFÓNICAS...

En las cabinas telefónicas
hay misteriosas inscripciones dibujadas con lápiz de labios.
Son las últimas palabras de las dulces muchachas rubias
que con el escote ensangrentado se refugian allí para morir.
Última noche bajo el pálido neón, último día bajo el sol alucinante,
calles recién regadas con magnolias, faros amarillentos de los coches patrulla en el amanecer.
Te esperaré a la una y media, cuando salgas del cine
—y a esta hora está muerta en el Depósito aquélla cuyo cuerpo era un ramo de orquídeas.
Herida en los tiroteos nocturnos, acorralada en las esquinas por los reflectores, abofeteada en los *night-clubs,*
mi verdadero y dulce amor llora en mis brazos.
Una última claridad, la más delgada y nítida,
parece deslizarse de los locales cerrados:
esta luz que detiene a los transeúntes
y les habla suavemente de su infancia.
Músicas de otro tiempo, canción al compás de cuyas viejas notas conocimos una noche a Ava Gardner,
muchacha envuelta en un impermeable claro que besamos una vez en el ascensor, a oscuras entre dos pisos, y tenía los ojos muy azules, y hablaba siempre en voz muy baja—se llamaba Nelly.
Cierra los ojos y escucha el canto de las sirenas en la noche

plateada de anuncios luminosos.
La noche tiene cálidas avenidas azules.
Sombras abrazan sombras en piscinas y bares.
En el oscuro cielo combatían los astros
cuando murió de amor,
y era como si oliera muy despacio
un perfume.

EN INVIERNO, LA LLUVIA DULCE EN LOS PARABRISAS…

En invierno, la lluvia dulce en los parabrisas, las carreteras
brillando hacia el océano,
la viajera de los guantes rosa, oh mi desfallecido corazón,
clavel en la solapa del smoking,
muerto bajo el aullido de la noche insaciable, los lotos en
la niebla, el erizo de mar al fondo del armario,
el viento que recorre los pasillos y no se cansa de pronun-
ciar tu nombre.

Ella venía por la acera, desde el destello azul de Central Park.
¡Cómo me dolía el pecho sólo con verla pasar!
Sonrisa de azucena, ojos de garza, mi amor,
entre el humo del snack te veía pasar yo.
¡Oh música, oh juventud, oh bullicioso champán!
(Y tu cuerpo como un blanco ramillete de azahar…)

Los jardines del barrio residencial, rodeados de verjas, si-
lenciosos, dorados, esperan.
Con el viento que agita los visillos viene un suspiro de sire-
nas nevadas.

Todas las noches, en el snack,
mis ojos febriles la vieron pasar.
Todo el invierno que pasé en New York
mis ojos la buscaban entre nieve y neón.

Las oficinas de los aeropuertos, con sus luces de clínica.
El paraíso, los labios pintados, las uñas pintadas, la sonrisa, las rubias platino, los escotes, el mar verde y oscuro.
Una espada en la helada tiniebla, un jazmín detenido en el tiempo.
Así llega, como un áncora descendiendo entre luminosos arrecifes,
la muerte.

Se empañaban los cristales con el frío de New York.
¡Patinando en Central Park sería un cisne mi amor!

Los asesinos llevan zapatos de charol. Fuman rubio, sonríen. Disparan.
La orquesta tiene un saxo, un batería, un pianista. Los cantantes. Hay un número de strip-tease y un prestidigitador.
Aquella noche llovía al salir. El cielo era de cobre y luz magnética.
¡Focos para el desfile de modelos, pistolas humeantes!

ARDE EL MAR

Oh ser un capitán de quince años
viejo lobo marino las velas desplegadas
las sirenas de los puertos y el hollín y el silencio en las
barcazas
las pipas humeantes de los armadores pintados al óleo
las huelgas de los cargadores las grúas paradas ante el cielo
de zinc
los tiroteos nocturnos en la dársena fogonazos un cuerpo
en las aguas con sordo estampido
el humo en los cafetines
Dick Tracy los cristales empañados la música zíngara
los relatos de pulpos serpientes y ballenas
de oro enterrado y de filibusteros
Un mascarón de proa el viejo dios Neptuno
Una dama en las Antillas ríe y agita el abanico de nácar
bajo los cocoteros

RECUENTO

Ensayos he escrito desvaídos borradores esbozos
a la luz de una lámpara
apenas un valor decorativo
como figuras pintadas en la pantalla de una lámpara
piscinas con cisnes de plástico
me muerdo los labios y una gota de sangre vacila
besar al leproso
horror de los contrarios la caverna plutónica el vendaval
sulfúreo
el otoño como un órgano profundo en las catedrales del
agua
vivo de imágenes son mi propia sangre
la sangre es mi idioma ciego en la luz del planeta
buceando en la tiniebla con rifle submarino
un arpón oh sombras de delfines en mi vida
oh sombras de delfines
van y vienen en la verdosa oscuridad
cuánto quise decir que mis versos no dicen
cuánto mis versos dicen que yo no sabría decir
como una máquina tragaperras en Las Vegas o Phoenix City
y el fullero de smoking sale a una luz de carrusel
Cuando envejezca pensaré en mis versos como en esas
inacabadas historias de familia con
cenas y despachos y salones
las sonrisas de mis primas muertas hace tantos años
envejecidas como un vestido de encaje apolillado una

muñeca abandonada en los desvanes
la sonrisa de una muñeca
sus ojos como canicas o vidrios de colores
como canicas o vidrios de colores mis versos
pero todo adquirirá otra luz una nueva perspectiva
como la sala en penumbra desde una cabina de proyección
las sombras plateadas de los mares del Sur
con guirnaldas de flores las canoas en el Pacífico
este azul tan intenso que por las noches fosforece
versos fosforescentes en la noche
emitiendo señales de radio bajo las aguas como un
submarino perdido
el Scorpion de la VI Flota ante los cabos de Virginia
Norteamérica un nido de escorpiones
no regresan sus señales de radio se pierden en la noche
se hunden en la pesada oscuridad
de las olas
emitiendo mis versos
ya desde la vejez versos de veinte años
con palabras de entonces que se han vuelto románticas
como automóviles de principios de siglo
charolados y oscuros y encendidos
mis versos
como en el teatro Kabuki o en una obra griega
maquillajes y máscaras siempre máscaras
Personae dijo Pound
amarillos y azules y encarnados
colores vivos de instantánea Kodak
algunos no regresan se han ido las imágenes
mariposa en cenizas
otros aún fosforecen sobre la noche de los rascacielos
regresan como muchachos heridos en la ciénaga
pólvora y ojos verdes

un guerrillero bajo las estrellas metálicas
fuego de granadas Primavera
mis ojos han visto la hoguera de Savonarola
la muerte de Ernesto Guevara
y como Sandro Boticcelli la fría luz de una plaza desnuda
edificios vacíos como un esbozo de arquitecto
Los milagros de san Zenobio pintado hacia 1500
ya no tenía fe
se desvanece el verde sombrío de las hojas y las diáfanas
cabelleras de oro
sirenas de ambulancias vienen del Luna Park
aúllan en la noche
y a lo lejos la rueda luminosa
música toboganes laberintos
la lluvia en Luna Park y el frío de la Morgue y los recuerdos

RELATO A DOS VOCES

Las cercas derribadas humean con un seco llamear
en Morelos
se apagan las luces
se interrumpe la proyección Under the Volcano
entre vigas crepitantes
reses huyendo sangre en las estrellas
tiran con bala
una casaca y un fajín
en el palacio de Maximiliano
una casaca vacía los lebreles del viento
el viento lleva rosas heridas por las calles de Morelos
el corcel blanco sin jinete
san Jorge o Azrael
sus ojos enamoran qué pedrería azul
la luna desplaza suavemente sus témpanos
el cielo mueve su lencería rosa
en los ojos vacíos de Zapata
El álbum de fotografías
la susurrante luz de invernaderos
lamparillas rojas de verbena
invitados vean la muerte de Zapata
earth of Spain
muerto en las sierras de Teruel
rosas de escarcha nieve en los ojos cerrados
la nieve reverbera en los ojos abiertos
país de la blancura

manos de nieve oprimen mi corazón como una rosa
se ha abierto la blancura todo existe país de las más
olvidadas músicas
la sensación de estar en una ciudad extranjera
con las primeras luces nítidas y la lluvia primaveral
y la difusa percepción de la irrealidad de nuestros
sentimientos
la inutilidad de un beso y unas dulces pestañas en la tenue
luz de veladores
la sensación de estar solo en el campo al atardecer
el silencio en los cines las tardes del colegio
el país de los lápices de colores
Flechas y Pelayos montan guardia junto a los luceros
incendiaron el jacal de los hermanos Zapata
besos de fuego en la noche
al miliciano herido le velan las ondinas de la nieve
y a lo lejos el ángel del incendio estremece sus alas cristalinas
vidrio al rojo crisol de la memoria
en abanico abiertas las imágenes
las ametralladoras abrían fuego en abanico
llegaba a clase calado hasta los huesos
pleins feux sur l'assassin lluvias de primavera
pleins feux sur l'assassin de Emiliano Zapata

HOMENAJE A ROBERT LOUIS STEVENSON

Vieja casaca azul de botones dorados
Con un ojo de vidrio me miraba el corsario
Los fuegos de san Telmo en la noche polar
Pon pancartas azules ISLA TORTUGA EN VENTA
No llegarán más naves a Puerto Providencia
Me falla el corazón y no puedo soñar

Arriad las banderolas del buque desguazado
A la pantera herida matadla a culatazos
Se desmaya en mis ojos un lento bergantín
Luz distantes bahías enterrados tesoros
mi destino en las olas mi sangre en los escollos
Qué batallas campales No no quiero morir

El cuadrante solar divide el planisferio
El mediodía azul puntúa el firmamento
Todo esto no sirve más que para llorar
Los escualos de nieve en su imperial silencio
han llegado a las puertas tenebrosas del reino
y el chambelán mayor les ha abierto el portal

La sangre los reclama oh verdugos sonámbulos
Bajo gasas azules en luz encapuchados
Si la muñeca llora clavadle un alfiler
Aquí está el corazón lo he marcado en el mapa
Os doy mi vida a cambio de un pendiente de plata
Es hermosa la isla cuando va a atardecer

VICENTE MOLINA FOIX

1946

Nacido en Elche. Estudios de Derecho y Filosofía y Letras. Obra poética: *Los espías del realista* (inédito).

POÉTICA

Escribí mis primeros poemas movido por impulsos estrictamente emocionales, y en aras de la necesidad; les aseguro que aquellos atardeceres soñolientos—a medias entre la crispación y el desmayo—en la confortable sala de estudio del colegio de los Padres Jesuitas en Vistahermosa, no permitían otra alternativa. Por aquella época (tendría entonces, como digo, catorce o quince años) no conocía apenas la poesía, o tan sólo, quizá, como prototipo de ocupación malsana, a través de los ejemplos sorprendentes que ofrecían los libros de texto, ilustrando modelos de versificación que se me antojaban inextricables, o bajo forma de oraciones. Pronto, sin embargo, hicimos el descubrimiento del Estilo, pues recuerdo muy bien que al salir del colegio me reunía en casa con el camarada que pasaba así también sus horas de obligado estudio, y comparábamos, enorgullecidos, los progresos lingüísticos que poco a poco se advertían en nuestras composiciones. (Tengo presente el hallazgo que más nos conmovió: algo picado yo por sucesivas victorias de mi amigo en el bien aprendido cultivo de acrósticos para muchachas que a ambos nos decían mucho, debí esforzarme aquella noche y conseguí una pieza experimental de la que nunca olvidaré la posibilidad de intercambio de sus versos y un tema que, aún ahora, no deja de asombrarme, la peregrinación de una tribu gitana.)

A aquellas desoladas jornadas, en las que no faltaron, tampoco, las retóricas interpelaciones religiosas y un poema extensísimo sobre la creación del mundo, sucedieron, al terminar el bachillerato y dejar yo Alicante, el olvido y, casi, casi, el desprecio hacia un medio que recordaba, por los vuelcos de la vida, apegado a obsesiones tan parvularias y tan poco ennoblecido en mi pluma.

Vino después, con la primera madurez, un súbito fervor poético, al que no fueron ajenos la paternal tutela de Pedro Gimferrer—su amable reconvención a leer ciertos textos—y unos amores que tuve, que fijaron mi entrada en senderos antes poco transitados. Ésta era la época en que yo cifraba todo mi futuro en la cabal dedicación al cine (dirigir películas, idea que aún hoy no desecho) y sólo para él tenía atención, todo el tiempo escribiendo sobre Hitchcock y otros autores y viendo promedios de hasta noventa films mensuales. Por un azar, seguramente, los primeros poetas que leí con incipiente rigor crítico fueron José Asunción Silva, Gil de Biedma y Ezra Pound, y, desde entonces, ¡qué pasión en la lectura de los versos!, aún en los momentos en que los fracasos y el desengaño me hacían ver la propia figura tan reñida con la poesía.

No sé si Vicente Aleixandre o Pedro Gimferrer, los únicos que los leyeron, habrán sido fieles a mi mandato de cremación, o, al contrario, nuevos Max Brod de una peor causa; el caso es que la segunda tanda de poemas que compuse (con destino a englobarse en un libro que se hubiera llamado «Mediterráneo») logró entusiasmarme en aquel tiempo, pero luego, como si sus palabras hubiesen repentinamente perdido significaciones escondidas, me irritó haberlos escrito, quizás advirtiendo enseñanzas mal asimiladas de algunos poetas anglosajones que, a la sazón, devoraba. Eran, ésos, momentos en los que Donne, Rilke, Holderlin, Yeats, Pessoa, Lezama Lima, me eran aún desconocidos, o cuando no me sentía, como ahora, tan inmerso en ese admirable arco de circunferencia que describe la gran tradición poética francesa, desde Nerval, Ducasse, Rimbaud, Baudelaire, Mallarmé, Léon-Paul Fargue, los surrealistas de la época dorada, hasta sus herederos, los post- o para-surrealistas como Daumal y Leiris y otros de no menor trascendencia tales Valéry, Saint-John Perse y Ponge.

Desde que, cauteloso, volví a acercarme por sus ámbitos, pensando en una nueva dedicación (tenía mucha melancolía), no una, sino cien ideas sobre la poesía traía en la cabeza, pues ya digo que, a pesar de estar callado, yo había ido siguiéndola con pasión, día a día. Muy ligado afectivamente a la mayor parte de poetas jóvenes que, creo, figuran en esta antología, había tenido que ir soportando, aún virgen de toda asechanza, los denuestos que muchos de ellos debían sufrir por parte de aquellos que, hablando despectivamente de retorno a los «ismos», se obstinaban (y obstínanse) en considerar la historia literaria como evolución irreversible, determinista y despersonalizada, en todo equivalente a una existencia humana, que debe también recorrer desde el nacimiento—los primitivos albores del lenguaje—el resto de las etapas vitales que conducen a la muerte, en este caso el fin del medio de expresión, la cesión de su puesto a disciplinas más acordes con los tiempos, la sustitución por formas anti-poéticas o anti-novelísticas, que sirven, se dice, a la vez, de detonadores de la crisis.

Esta confusión en los conceptos sujeto-objeto (individuo-obra literaria) ha sido de las más notorias en nuestro panorama de posguerra, y ahora, tras una larga etapa de peligrosa identificación entre ambos términos, parece quererse dar paso a los voceadores de una, para mí, muy discutible vanguardia, que sólo aguardan, sedientos, el día de la destrucción.

Sinceramente, ésta no creo que vaya a llegar tan pronto, pues parece mucho más conveniente ahora trabajar científicamente en la desvelación de claves poéticas, aún vigentes, del pasado (Licofrón, Virgilio, Dante, Góngora, Ducasse, Rilke, éstos son, entre otros, los poetas del día), dotándolas de significados propios, de revestimientos bien estructurados. Las perspectivas para una formación compacta de nuevos poetas españoles, coherente, evolucionada, unida, me parecen, en este sentido, inmejorables: contamos, para ello, con unas avanzadas valiosas y ya muy maduradas, los poetas de la revista «Cántico», la poesía postista y el grupo poético de los años 50—los Valente, Rodríguez, Gil de Biedma, Gomis, González, Barral, Brines—, que en su papel de poetas de transición no sólo han desempeñado y desempeñan cabalmente su cometido, la propia obra, sino que, en contra de lo que a veces se ha dicho, enlazan a los nuevos con la poesía del 27, con ciertos grandes poetas ingleses, con el surrealismo, y aún con valores desprestigiados muchos años, pero aprovechables, de la inmediata posguerra civil. Ellos han librado, en fin, de muchos traumas generacionales, han proporcionado, como suele decirse, amplia libertad de movimiento, de movimiento autóctono, espontáneo.

Otro asunto, ya para acabar, que preocupa mucho, ligado, en el fondo, al de la antes nombrada fatal confusión de términos, es, a mi juicio, el del escaso interés que se ha venido manifestando en la poesía hispana de posguerra, salvando casos, hacia la constitución, por medio de la palabra, de una nueva realidad distinta a la personal, de un universo propio, ordenado, coherente, en el cual la visión del mundo estuviera imbricada en la línea formal del poema, y en la que se tendiese, según las palabras de Ponge—que ya en otra ocasión usé—, a «reemplazar el desafío de las cosas por el lenguaje». Habiéndosele conferido a la poesía, por muchos, durante mucho tiempo, misiones terapéuticas, se perdía interés por el estudio del lenguaje y por la erección de obras sistemáticas, edificios del estilo, mundos aparte, por sí mismo válidos, no sujetos a alcances de corto plazo. Y no nos debe extrañar, todo esto, por cuanto en tantos años los ejes que movieron nuestra cultura poética, amén del abusivo complejo machadista, se llamaban Vallejo, Neruda y N. Guillén, nombres que, excepto, quizás, el segundo, a veces, ostentan el ejemplo de lo que no se ha de hacer, de lo que se debe desterrar: la vanagloria de la palabra, la escritura sin sistema, la ausencia de todo tamiz, de toda autorreflexión sobre lo que la inspiración en estado bruto dicta.

Dicho esto, y abierta ya hace tiempo una interrogación que, creo, a todos concierne, no queda ahora otra cosa sino esperar, esperar, pues con los solos buenos augurios nadie podría darse por contentado.

LO NECESARIO PARA POLÍTICO

Cuando llegue a político construiré un alargado edificio orientado a las cuatro estaciones, blanco o azul según necesitara serlo, abierto a todas horas, y que, con la trastienda mejor parecida o la más amplia desolación (de acuerdo siempre a los designios que el pueblo nos señale), proporcione a los muchos la hegemonía que suele postularse de pocos.

Si asciendo los últimos escaños del poder se ofrecerá a mi mano la medida que ostento, el toisón de la más viva restauración en almacenes, y quién entonces me podrá replicar la construcción de aquella fortaleza que Piranesi me dictó, la bien curtida, la pulimentada, la exenta del orín y la leña.

«Cuánto, monseñor, tardarás?», «cuando», «cuánto?», le encargaban de preguntarme a la doncella, porque conocían de mi agrado por ella, o lo cumplimentado del ejercicio de sus manos en torno a lo que prefiero, y ya entonces podía replicarle con alegría que mi primera misión en el nuevo inaugurado mandato bien podría ser la erección del Palacio, una mole cubierta de pelaje, mármol batido por las olas, escalonada sobre zigurats, oscurecida en el vuelo de Lo Que Nunca se controla, enredada entre un fanal de moluscos y zarzamora. (Recuerdo que yo, entrando la noche, me desconsolaba por aquellas palabras bien pronunciadas, al advertir que un significado desguarnecido puede más, en los tiempos de la Crisis que me correspondió vivir, más que una descripción poco fundamentada pero heroica.)

La velada en la que celebre nupcias, cuando, como necesidad, ella no coincida con la del placer únicamente probado, descolgaré ante la vista de cortesanos escotillón y embocadura del improvisado retablo, y os surgirá una ciudad de yeso bien cuajado ardiendo por los cuatro costados. Aquello será, bien lo veo, tan sólo un símbolo: el de la insumisión (lo incalificable como síntoma de piedad o lo no susceptible de retorno). La representación, en su deseo de sólo la estricta dificultad, habría sido, por tanto, previamente accesible a encargados y para el capataz Más Presuroso.

Al alba, en el segundo vuelo del pájaro mecánico, vi arrastrarse ante mí los primeros sangrientos sillares de basalto y caliza, con lo que, podía ahora decirse, se echaban fundamentos para un reinado incierto.

MI VIAJE POR LOS TEATROS DE ESPAÑA

Atravieso atareado un despeñadero de la provincia más remota—inseguramente aferrado con dentelladas—, a la que hemos llegado tras horadar una montaña de polvo y el peligro de dos asaltos en descampado y la violación con vainas de maíz.

La acogida que se dispensa a la totalidad varía, en una escala que recorren inclinaciones de cerviz, ofrecimientos domiciliarios, desafío, puertas claveteadas, guardianes con orden de disparar.

En la primera función se dispensa de obligaciones, y cada comediante no ofrecerá resistencia a bisar su número más apreciado. La clientela, a la expectativa, va escondiendo en el último cuadro las escopetas y los objetos innominados que se veían refulgir en la platea.

Paseo por el bosque entre primera y segunda representación, y observo la vegetación ribereña y la llamativa especulación en voz alta que un maestro infringe a sus discípulos. Las eras no son aquí teatro de citas ni de asombros, sino el único solar de odios mal alineados y de reflexión, de cerco.

En el transcurso de una y otra comarca, teniendo como fondo los estrapontines rasgados de la berlina y el griterío de los reptiles y ramas secas que escoltan nuestro traslado, puede también surgir el amor. Nos vestimos los despojos de una Genoveva de Brabante más estilizada y el chaquetón que flota sobre el mar en los epílogos de la Tragedia del Titanic, y participamos de la conducción arriesgada, aportando puntos de vista particulares sobre qué brazo de la encrucijada seguir.

EL BARÓN DE ESCANDINAVIA

Sí, puedo perfectamente recordar que sucedía en la noche por el ruido preciso y espectacular—que aún estalla en mi rostro—de los espolones de la guardia de corps, difícilmente sujeta a sus señores en unos tiempos, aquellos de los que os hablo, sembrados de desorden y la más indisciplinada y nocturna diversión desconsiderada. Nos sentamos, mi protector y yo, en el banco frontal de la iglesia Nazarena, y allí escuché, arrobado, el maligno relato. Él había conocido bien al Barón, y de aquel trato su conocimiento tan pormenorizado del color rojizo que tenía en el pelo y el amor antinatural que aún le profesaba.

Hubo un rasgo en la historia, con todo, que me asombró: el lobo calzaba medias en lugar de mirliflores, como suele ser habitual, y la princesa, no siendo una belleza deslumbrante, se negaba una y otra vez a hacerse pasar por coqueluche y por amante de la Bestia, ignorando la tonta que estas uniones un poco fuera de lo normal siempre reportan después grandes beneficios, y renombre.

En mi viaje a las Islas me contaron que Lovecraft jamás murió, al menos no en el lugar ni en fechas que sus biógrafos marcaron.

Sostienen, ellos, que este escritor sabía otras muchas más cosas de las que consignó en sus libros, y no todas, precisamente, las recibidas de sus—ya certificados—contactos con personas del Más Allá.

Los moradores me dicen, sin embargo, que ellos nunca observaron por estos parajes sucesos sorprendentes, lejos de lo normal; quizá, retrocediendo mucho, la cabalgadura que se negó a seguir tirando de la rueda del molino, convertida después en manantial (año 70), o todo un pinar que en el verano más lluvioso del cantón, el que no se recuerda, ardió sin un motivo porque, según parece, no se avenía a ser talado de unos árboles sí y de otros no.

DESCARTES

En un principio se creyó ver en él al desprovisto de
mensajes,
al venido de lejos,
a sólo un miembro de secciones ocultas
que todo encierran en el estrecho cauce de los libros.
    —ignoraban, según se observa, lo fiel de su manejo
    con problemas de audiencia más vasta—.

Tuvieron que llegar edades más adultas
que le reconocieran.
    —algunos han pensado que se hallaban
    ante un nuevo profeta de lo inútil—.

(Los grabados de época nos muestran un Descartes
siempre sentado junto al fuego,
con el hábito negro,
más preocupado en la textura o esencia del escrito
que propiamente haciéndolo.)

Buscando, buscando, halló, en efecto,
acurrucado entre los pliegues calientes de la sábana,
su sexo de por las mañanas, el pequeño y burlón,
que le enviaba gestos como queriendo continuar su reposo.

Proust, sin embargo, se mostró aquella mañana inflexible
y se lo calzó (ayudándose de un cucharón de palo
          y del manípulo de cinc),
y ajustábase después los faldones de la redingote
pronunciando con decisión el apellido del chofér,
«Fontainebleau».

HENRY JAMES

De mis postreras deducciones llego a pensar que este escritor mantuvo—durante mucho tiempo—una compensación onírica.

Parece ser que todo sucedía de la siguiente forma: a los pocos minutos de entrado en la Caverna, y con operaciones envidiables, muy extrañas, de pulgares cruzados, chasquidos de la lengua, silbos desacordados, el fulgor permanente de una lámpara azul, se presentaban en la estancia unos cuantos sujetos—protagonistas de los hechos—, bien adiestrados para aquello por embozados de tradición.

En los últimos años, por lo menos, las imágenes fueron siempre las mismas (y también el lugar de la escena): un pájaro ideado, con el plumaje al viento, reconstruido en cera, plástico y cartón, hermosísimo objeto de cuyo resplandor la habitación súbitamente se encendía; un hombre deformado, con la cara rayada y ostensible carencia de curvas, cualquier ángulo, cabello, ojo izquierdo y palabras (sin vestido adecuado, torpemente aliñado y sin dientes, sentado en una tabla, difícilmente habituado al fluido carnal de aquella casa); y—por si elegir fuera ya fácil—una tercera instancia, la de la reflexión ajena a la belleza, que suscitaba una forma débil y cenicienta, unas tablas de la ley, plumas pintadas, restos de muebles que sostuvieron una preciosa culpa, los polvitos de magia que ya no cambian nada.

DRAMATIS PERSONAE

Aléjanse de mi horizonte algunos personajes de tragedia, aquellos que—preciosamente—guardaba entre los hielos en espera de una hipotética reunión escénica.

Los peces de asimétrica calcificación que Príamo enviara como signo de mal talante a su hija Alejandra.

Las huellas del desespero, las que provocan unas sandalias mal anudadas en pies desobedientes a mandatos del corazón.

El cachorro que después creció, pero en la época en que Holofernes no temía soliviantarlo con maullidos ficticios y una escaramuza de carne cruda y helechos nunca, finalmente, otorgados.

La escarapela de Clitemnestra, de decisivo empleo en la resolución de los debates Cástor-Pólux, aunque aumentado su valor dramático ahora por ciertos célebres sollozos que conserva guardados en los pespuntes de la capa.

JUEGO DE DISFRACES

Desmadejado, desaparecido mi control sobre una cabellera en alboroto que opta a menudo por resoluciones distintas a las del sistema motriz,

penetro en la desértica extensión de los telares y en el depósito de las almas muertas, que sostienen resignadamente colores de lapislázuli y cartonajes con memoria particular, mas desechada, raídos, túmido, ominosamente numeradas, delicadamente sustraídos de tono, agrietados, por ajena voluntad borrada.

En los pasadizos de la trastienda no únicamente duele el hallazgo de frondas que treparon vertiginosas escalones de mármol despintado o la arboleda que poseía articulaciones mecánicas para asustar y hacer caer de su caballo a la Joven Furtiva que eligió las incertidumbres de un Caballero sólo recientemente armado,

pues tal vez con semejante desafección encontráramos el mascarón de proa que puso en pie a toda una generación y los nimbos algodonosos que por primera vez llevaron a muchos a pensar que quizá no todo consista en arribar al propio domicilio una vez la obra terminada y revolverse entonces pesarosos entre las engañosamente mullidas plumas del jergón.

Vuelta la espalda a un creciente clamor de asentimiento que invade la platea, navego con vacilación un estrecho cuarto de luces y el camarín de la estrella, dejado intacto en su crepúsculo de noche resonante y con la misma argolla aún sujetando los muslos que trastornan y aquella máscara de labios curvados hacia abajo, poseedora del secreto que desencadenó guerras.

Decretada mi extinción por ocupantes de los palcos más celebrados, dudo acerca de enfrentarme a la conjuración mortal de luces que convergen en el proscenio,

o practicar (¡sea por una sola vez!) la compuerta de hierro que conduce al callejón de la Mala Conducta y hace evitar la probablemente desmerecida dialéctica de la palestra.

GUILLERMO CARNERO

1947

Nacido en Valencia. Estudios de Filosofía y Letras y Ciencias Económicas.

Obra poética: *Dibujo de la muerte* (Málaga, 1967).

LO QUE NO ES EXACTAMENTE UNA POÉTICA

Poetizar es ante todo un problema de estilo. Un estilo efectivo da carta de naturaleza a cualquier motivo sobre el que se ejercite. La recíproca es una barbaridad; no hay ningún asunto, ninguna idea, ninguna razón de orden superior, ningún sentimiento respetable (quedan poquísimos), ningún catálogo de palabras nobles, ninguna filosofía (aunque esté *cargada de futuro*) que por el hecho de estar presente en un escrito lo justifique desde el punto de vista del Arte.

Mi auténtica vocación la decidió mi abuela paterna, gran entusiasta de Laura Pinillos y Benito Perojo, acunándome con las tonadillas de *La Corte de Faraón*. Sentí entonces la llamada de lo sicalíptico; el ser un sentimental se lo debo al toque wagneriano con que gorgorizaba el *Amor es gloria, amor es vida* de Sorozábal. Leslie Howard con el rubio pelo rizado, violín y pantalones Riviera: de ahí nace siempre un moralista.

Decía Joseph de Maistre que el gran defecto de una mujer es ser un hombre.[1] De la poesía podría decirse que su gran defecto, aunque sea muchas y muchas cosas respetables (o no), es no ser poesía. La poesía debe alimentar la imaginación, interesar a las pasiones y los movimientos del

1. Tómeselo por analogía y no al pie de la letra. Además de las muchas limitaciones de M. de Maistre, ¿cómo resistir al encanto de Miss Nightingale, el Chevalier d'Eon o el duque d'Elbouef?

corazón, y dejar siempre en el aire una sugerencia[2] (la frivolidad se nos dará por añadidura).

Rosa Luxemburgo sabía muy bien que el mejor modo de llevar adelante un *meeting* era colocar cada pancarta en una cornucopia. Algo que los poetas a la moda habían querido olvidar cuando mi generación (?) entró en funciones: que su razón de ser dependía del uso que hicieran de la lengua. Oponerse al «furioso atrevimiento de los corruptores»[3] será uno de los designios que habrá que reconocernos. En cualquier circunstancia en que el empobrecimiento y mal uso de la Lengua se hubiera producido (no importa en qué altar se la sacrificara), la reacción estaba fatalmente prevista, tanto más si se piensa que los *corruptores* fueron encargados de trocar en cañas las lanzas que la sociedad no estaba dispuesta a manejar. (¿Llegaron a convencerse de que el futuro dependía de su batalla de flores?). Con su mismo concepto del poder demiúrgico de las artes, la reina Victoria donó, para poner fin a la altísima mortandad en los hospitales de Crimea, un cargamento de teteras de porcelana. (Muchos de los corruptores, buenos amigos míos, han pasado del cultivo de la Política al de la Erótica, devolviendo la lengua al ejercicio de sus funciones propias y consiguiendo entre ambas vocaciones una brillante síntesis.)

Que la Poesía sea un Tren Expreso llamado a conservar y acrecentar los Fuegos Sagrados de la Lengua, la Frivolidad y la Moralidad *en jupons*. Pero, en cualquier caso, nadie se extrañe de que la Lírica vaya por los cerros de Úbeda en un país en que sale el sol por Antequera.

2. Lessing. 3. Forner.

EL MOVIMIENTO CONTINUO

Pronto envejeceremos; moriremos
antes de conocer la libertad.

ROBERT HERRICK

Las personas *comme il faut*, honestos padres de familia
y demás gente de principios
(fotógrafos profesionales, profesores de baile y otros
agentes de la autoridad)
tenían desde antiguo organizado su modesto baile de
disfraces.
Y lo peor no fueron los ridículos gestos de las matronas,
torpes animales domésticos,
ni el parloteo de los intrascendentes animalillos
partidarios del orden y la compostura,
sino el distinguir, debajo de la pacotilla y de las flores de
plástico,
su buena fe de gansos soñolientos.

En las afueras, después de haber dejado atrás las últimas
viviendas del suburbio
—«glorria y prrez sempiterrnas», como dijo el santo varón,
arrastrando las «erres»—,
encontramos, en el crepúsculo, sin demasiado esfuerzo,
el modesto tinglado de una feria vacía:
ositos mecánicos, muñecas caucásicas para neuróticos
—cada una contiene otra igual, más pequeña,
indefinidamente—,
espejos cóncavos, convexos y cóncavoconvexos,
barracas donde un coro de malolientes atletas vociferaba el
canto del cisne,

antifaces de muselina, ciudadanos disfrazados de asnos
de Persia,
asnos de Persia disfrazados de ciudadanos,
una completa historia del traje
y muchas otras cosas, como, por ejemplo, varitas mágicas,
insectos de cartón-piedra,
una colección bastante amplia de cremas para payasos,
la botella de porcelana rosada donde el prestidigitador
guardaba su elixir
para aparecer vivaracho y chispeante en público,
tres o cuatro chaquetas reversibles, las memorias de Frégoli
y un manual de Etiqueta Cortesana con anotaciones
manuscritas
de Oscar Wilde, y alguna raspadura de Baudelaire.
Alguien descubrió que el tiovivo podía seguir girando,
mientras un organillo
oculto bajo las tablas martilleaba una mutilada *Chanson de
Cour,*
reconocible, con un poco de buena voluntad.
Vosotros, mientras en la noche resuena
la rutilante música de circo,
decidme si merecía la pena haber vivido para esto,
para seguir girando en el suave chirrido de las tablas
alquitranadas,
para seguir girando hasta la muerte.

PRIMER DÍA DE VERANO EN WRAGBY HALL

¿Qué hacer, sino dejar que las cosas sigan su curso?

D. H. LAWRENCE

Un tímido vaho de sol, a través de los blancos visillos
ojeteados en verde, remedando
alguna cacería o Arcadia, entretejida
de pájaros y frutos, despierta en los tapices
y en las puertas forradas de terciopelo un vago
hormigueo de sueños, un clarear de soles
entre el helado viento de los pinos nevados,
una alucinación de iluminado polvo
que los oboes pintados en los vasos de porcelana, simétricos
en las cuatro esquinas umbrías, resonando
cuando los pies oprimen el león o el cubo de las ruedas
de la diosa, difunden en el espacio umbrío
de las campanas ondulantes sobre los tallos del agua.
Por las volutas esgrafiadas en amarillo y blanco sobre la
pared malva
se entrelaza un presentimiento de zarcillos y hojas,
un vaho de tierra caldeada bajo las gavillas de heno,
ondulando al compás de las suaves colinas, con un ritmo
de lejanas abejas.
En la eterna penumbra de la casa, en que apenas
giran las estaciones, como entre la hojarasca
eternamente umbría de los bosques,
parpadean las fuentes, los relojes gotean
sobre el mármol, enfrente de los espejos, giran
agitando sus frágiles campanillas.
Y a poco

se agazapan las aguas sobre los terciopelos,
arlequines de mármol abandonan sus ojos al crepúsculo.
Los caballeros charlan en el salón—corbatas
de Bond Street—de orquídeas o de falos. La tarde
gotea como el limo de las barbas de un dios
en las fuentes que invaden los lotos de la noche.
¿Cómo encontrar la vida? Ni la sangre querría
abandonar las venas seccionadas. Crepúsculo
de verano adormece los cuerpos. En la sala
los naipes, las levitas, los bastones de ámbar.
Casi parecerían impúdicos los versos
del viejo Anacreonte: «Dadme, dadme la lira
de Homero».
                              Nada debe perturbar el decurso
de las horas. Tan sólo, en silencio, que alguien
renueve los marchitos ramos, y así la muerte
sólo será una gota más en los alabastros,
sólo una nueva brizna sobre las alamedas,
así no será trueno sobre los oleajes,
así los emparrados recibirán inertes
un año y otro año el estéril augurio de la vida.

ÓSCAR WILDE EN PARÍS

Si proyectáis turbar este brillante sueño,
impregnad de lavanda vuestro más fino pañuelo de seda
o acariciad las taraceas de vuestros secreteres de sándalo,
porque sólo el perfume, si el criado
me tiende sobre plata una blanca tarjeta de visita,
me podría evocar una humana presencia.
Un *bouquet* de violetas de Parma
o mejor aún, una *corbeille* de gardenias.
Un hombre puede
arriesgarse unas cuantas veces, sobre la mesa
la eterna sonrisa de un amorcillo de estuco,
nunca hubo en Inglaterra un *boudoir* más perfecto
mirad, hasta en los rincones una crátera de porcelana
para que las damas dejen caer su guante.
Oh, rien de plus beau que les printemps anglais,
decidme cómo hemos podido disipar estos años,
naturalmente, un par de guantes amarillos no se lleva
dos veces,
cómo ha podido esta sangrienta burla
preservarnos del miedo y de la muerte.
Un hombre puede, a lo sumo unas cuantas veces,
arriesgar el silencio de su jardín cerrado.
Pero decid, Milady, si no estabais maravillosa preparando
el *clam-bake*
con aquella guirnalda de hojas de fresa!
Las porcelanas en los pedestales

y tantísimas luces y brocados
para crear una ilusión de vida.
No, prefiero no veros, porque el aire nocturno,
agitando las sedas, desordenando los pétalos caídos
y haciendo resonar los cascabeles,
me entregará el perfume de las flores, que renacen y
mueren en la sombra,
y el ansia y el deseo, y el probable dolor y la vergüenza
no valen el sutil perfume de las rosas
en esta habitación siempre cerrada.

TRAS EL CERCO DE ÍMOLA

Así como el contorno del ámbar o del jade livianamente impone
la futura armonía de las formas,
ha sido cada mármol, cada sillar tallado
para un reino vastísimo. La lámina de plata
entalla su aguzado perfil en la caoba
espejeando—ánades, juncos, sauces, guirnaldas—
al calor de las brasas. El ónice en el limpio
óvalo que lo aloja se confunde. Rebasa
de estos muros y escarpas un ansia incontenible
de súplica y dominio, como una fina daga
tenuemente contiene la sangre de la herida.
Tristes tiempos son estos. Bastiones nuestro reino
limitan. Falconetes, gonfalones, bombardas, aletear de cuervos
proclaman impotente nuestro afán. En el valle
inhalan los colores el aura transparente
de la nieve fundida. Tristes tiempos son estos para quien algo ansía
no sometido al filo de su espada.

MINERVA Y EL CENTAURO

Más fácil fue, sin duda, cuando el cuerpo feliz
no reclamaba aún su imperioso derecho,
amar en soledad. Y hasta parece hermoso
el mecanismo, hoy no del todo ausente,
de amar y poseer sin riesgo alguno.
Era el amor entonces
el puro sentimiento literario
de alojar rostros vivos, que el deseo llamaba
oscuramente, en mundos de ficción: Audrey Hepburn
(su cuerpecito de *garçon damné*
frágil y siempre en riesgo de morir
solo en la oscuridad, cual nuestros sueños)
en el París vistoso de los *Musical Plays*.
Mundo privado de realidad
y por eso feliz, donde querer
era animar el límpido cortejo
de las imágenes.
                                        Ahora que el deseo
se agita sin respuesta como un pájaro herido
parece más real aquel amor de entonces,
solo, pero señor de sus fantasmas.

VAYA CON DIOS, MI AMOR

Y cuando cada tarde te acercabas
a cualquier sinfonola, invariablemente
a escuchar *nuestro amor nunca existió*
y *ya lo ves nos falta fe,* diríase
que has comprendido, al fin, que pide rienda
el corazón, y tregua el ejercicio
de soledad.
                                ¡Qué puta estás saliéndome,
cariño mío!
O cuánto miedo tienes,
no a la fragilidad de los destinos
y al precio amargo de la felicidad
(que nunca viste a Greta sollozando
«*I vvant to be alone*», ni a Vivien Leigh
en el Puente de Waterloo,
ni al negro que tenía el alma blanca
tocando en *love-back,* en la penumbra,
El tiempo pasará)
sino tan sólo, simplemente, miedo.

DOS CRUCES

En los sábados noche de las costas doradas
no fuimos a los Clubs, por despojarnos
del fácil satanismo virginal
de los adolescentes a la moda,
y siempre a las verbenas de la Plaza Mayor,
donde bailan las niñas con su señora madre
y la cazalla y el Anís del Mono
parecen exigir
la justa dimensión de la ternura.
¡Qué hermoso fue intentar
esa clase de amor viejo y tranquilo
que se mece al arrullo
de las charangas de interés local!
Debimos aprender
la comprensión y el uso de la humana flaqueza
en vez de convertir aquel *Sevilla*
tuvo que ser con su lunita
plateada
en nostalgia y en humo de sonrisas.

LAS AMISTADES PELIGROSAS

Donde el milagro fue naturaleza.

BOCÁNGEL

Como el olor a brea y a salitre
hace brotar—y el verde y el grosella
de los barrios porteños—
tenue nostalgia de blancos paquebotes
rumbo al país de la ilusión,
hoy recuerdo tu amor que nunca tuve.
Pero si hablo de entonces
lo haré con el espíritu de aquellos
peliculones de champán y lágrimas;
las dotes prodigiosas
para echar a perder el corazón
que cómplices tuvimos,
y aquella inclinación *contra naturam*
a ser felices en la fantasía
podrían resultar—que han pasado los años,
tres por lo menos hace—peligrosa
e inútil concesión a la tristeza.
Cierto esnobismo de menor cuantía,
usado en mala parte,
debe sernos excusa
de aquel mezquino modo de extremar
los ejercicios espirituales:
el cine lacrimógeno y su grandioso morbo,
su gran arquitectura de los tristes destinos
y el trágico galán que tanto amamos
(con sus caricias torpes y tan dulces los ojos

siempre perdidos en la eternidad)
nos hacían sentir
una ilusión incierta de ternura
y la ebriedad del juego del azar y el amor.
Y qué mal empleados estos años: los dos
con nuestra madurez provisional
y la voluntad firme de no sufrir sin causa,
seguimos siempre inhábiles, propensos
a aquella insana astucia.

GATO ESCALDADO DEL AGUA FRÍA HUYE

Neuróticos, ingenuos, amigos míos todos,
cuánto me hacéis sufrir, cómo os he amado.
Tan pocos años hace
de aquellas borracheras salpicadas
de pretensiones ontológicas,
de las colillas, las conversaciones
interminablemente literarias,
los suicidios (frustrados)
a causa del exceso de ternura,
que ahora me hacéis sentir vergüenza y odio
(hacia mí mismo)
porque he logrado ser, a costa de mi vida,
sólido y razonable antes de tiempo.
Qué hermosa estupidez
vuestro absurdo concepto de las lágrimas.
Y cuánto os amo todavía, cómo me hacéis sentir
terriblemente solo y viejo.

ANA MARÍA MOIX
1947 - [2014]

Nacida en Barcelona. Estudios de Filosofía y Letras.

Obra poética: *Baladas del Dulce Jim* (Barcelona, 1969). *Call me Stone* (Esplugues del Llobregat, 1969).

POÉTICA

«Todos eran unos marranos», así titulé mi primer libro. Tenía doce años y la vaga sensación de que alguien me había estafado.

Pero, quizá, será mejor empezar por el principio. Entonces, al principio, yo tenía dos hermanos: Miguel y Ramón. Cuando me peleaba con uno, el otro me llevaba al cine, y viceversa. Miguel escribía poesías a la Virgen y aventuras interplanetarias. Luego murió y desde entonces le tengo miedo. A los quince años Miguel decidió ser compositor. Entonces Sara Montiel estrenó «El último cuplé», y le dije a mi hermano, al músico, que quería ser cupletista. «A ver, a ver, canta bajo los puentes del Sena». Y yo empezaba con lo de Roberto y Mimí. Miguel no pudo ser compositor porque murió, pero yo, al cabo de los años, me he convertido en chanteuse. Seguro que a Miguel le hubieran encantado las Baladas del Dulce Jim y les hubiera puesto música para que alguien las cantara en el Festival de Eurovisión.

Mi otro hermano—que ya no se llama Ramón, sino Terencio—, cuando lo de Sara Montiel y Lilián de Celis compraba libros de Sartre en el mercado de libros de San Antonio y los leía a escondidas de mi padre—se llama Jesús, y es monárquico y sentimental—, quien aseguraba que Sartre era la reencarnación del demonio y que sus lectores quedaban inmediatamente esclavizados al servicio de Satán. Un día, a la salida del colegio, le dije a mi hermano: voy a ser escritora. ¿Tú? ¿No querías ser trapecista? Sí, pero ahora quiero ser escritora. Terencio aseguró que nunca podría llegar a ser una buena escritora porque no estaba «comprometida». Empezó a prestarme libros de Sartre camuflados, afortunadamente, en tebeos de Rosas Blancas, Florita y Claro de Luna, para que mi padre no advirtiera sus ansias de proselitismo a favor del poder de Satán. Naturalmente, en lugar de leer los libros, leía los tebeos. Terencio se desesperaba: nunca serás una escritora «comprometida»; estás perdida. Mi madre también aseguraba que estaba perdida: nada bueno podía esperarse de una chica que leía libros.

A mí, en realidad, lo que me gustaba era tocar la trompeta en una calle oscura. Pero entonces, ni Miguel, ni Ramón Terencio, ni yo sabíamos nada de la vida; habíamos aprendido todo en libros, tebeos, películas y canciones. Miguel murió sin haber tenido tiempo de averiguar si existía alguna diferencia, por eso le dedico estos poemas que vienen a demostrar que no la hay. Terencio, en cambio, sí ha tenido tiempo suficiente para comprender que la diferencia es muy poca y que—como canta Masiel—todo en la vida es como una canción, y por eso también le dedico estos poemas.

Ya he dicho que lo que me gusta es tocar la trompeta en una calle oscura; por eso escribí las Baladas del Dulce Jim, porque deseaba poder, algún día, tocar la trompeta en una calle oscura. Más tarde comprendí que siempre he tocado la trompeta en una calle oscura.

Un hombre triste su barco: Alegre, ése fue Jim. Dulce conmigo, mas no risueño; qué corazón.

Jim en el parque, y sin sombrero. Ay dios, qué miedo si es un matón. Ay dios qué pena, si un día parte como llegó.

Tiene los ojos rojos y on the sea mira como un traidor. ¿Serás payaso?, dije, y sobre el césped se revolcó. Y eso que no soy niña que con desconocidos antes hablara yo.

Cortaste lirios en las praderas y a Johnny mataste en Nueva York. Fue por amor: bailaba en Broadway Nancy Flor.

Ah, Dulce Jim qué consuelo cuando los adolescentes se enamoran y de esquina en esquina les nace en el pecho un corazón.

Dulce Jim vendrá mañana
y nos trae la ilusión.

Un amor tiene cualquiera
pero Dulce Jim, no.

Una ilusión es la quimera de su roto corazón: que, con la primavera, a puerto su barco arribará y, en los parques de las ciudades historias a las muchachas cantará: la del príncipe y la chica fea, la flor de Nancy, la habanera, y Johnny el Prometedor.

Un amor tiene cualquiera
mas Dulce Jim, jamás

¿Si muere Jim, llorarás tú? Va preguntando a las mujeres, arrabaleras, niñeras, quinceañeras.

Parte su barco, rojo por dentro, antes de oír el sí o el no. Ya las respuestas no le interesan. Ya nunca baila en Broadway Nancy Flor.

Es Dulce Jim un alma en pena,
mi gran amor,
es un farsante,
un caminante,
un peripuesto hablador,
un traficante de corazones,
un triste amante de Nancy Flor.

Y tiene un perro que ladra fuerte cuando regresa de madrugada al barco que fue de Johnny y de su amor.

Andando el tiempo se verán las caras, esos que gritan por las esquinas viva la revolución. Degeneramos, compañeros. Preguntad al mozo de telégrafos si le gusta la historia de Rossy Brown.

Rossy partió bajo la luna, una noche de fiesta en casa de Míster Brown. Un caballero la envolvió en su capa y a sus sueños la llevó.

Regresó luego, triste y perdida, y a los pies de la mamá sollozó: Yo no sabía qué me decía aquella noche, verbena de San Juan, cuando dije estoy cansada y tengo sueño, mañana ya os veré. Tengo una herida y un hijo muerto. Sólo su capa Jim me dejó. Era mi dueño, y aunque lo digan, Jim nunca fue salteador.

Lo saben Rossy y la cocinera que en el ajo estuvo en la ocasión: Jim vuelve siempre. De madrugada su canción canta a las muchachas de negros ojos y dulce voz:

Un amor tiene cualquiera
pero Dulce Jim, no

Y es que el mozo de telégrafos está enamorado, y no sabe qué hacer para que la hija de la portera entienda que no es muchacho del montón.

Nancy Flor bailará siempre
porque Johnny ya murió.
Un bribón le dio la muerte,
nadie sabe a dónde huyó.

Fue testigo un pistolero
rey en los bares de New York,
pasado luego a carcelero
contó la historia en un block.

Jim, Johnny y Nancy Flor
tres personajes de antología,
de apología,
extraña historia del terror.

Ella tenía los ojos grises,
Johnny pintaba flores de azahar,
Jim era dulce, un soñador.

Ella bailaba todas las noches,
Jim la soñaba en un bazar
rodeada de otros muñecos
que la adoraban por su candor.

Eran hermanos los dos adoradores de Nancy Flor.

Por la calle caminaban
los tres en silencio,
mas el corazón no calla, traidor.
Y Jim lo supo.
Daban las doce en el cuco.

Caía el sol en la acera
y Dulce Jim vio un gran amor
en las dos sombras de Johnny y Nancy Flor
unidas a ras de tierra.

El dolor apenas quema
cuando nada queda en el hueco
de un antiguo corazón.

El asesino huyó de la justicia
pero le persigue el eco
de una loca ilusión
que con diabólica malicia
persiste en tener razón.

Una flor era Nancy para Jim,
mas una flor pintada antaño
por un solo enamorado
que no fue Jim, sino John.

El asesinato se produjo a mediodía, en plena calle y bajo el sol. De la otra acera empezaron a disparar y caí en redondo, tratando de imaginar qué clase de pájaro saldría de mi pecho cuando se acercara un compañero para recibir mi último mensaje: que el muchacho que vendía periódicos en la esquina llegaría a ser rey en Nueva York.

Yo hubiera deseado verme entrar enfurecida en la pequeña sala del Café Boscán y pistola en mano buscar entre las mesas su rostro ladeado hacia otro rostro. Hablaba palabras húmedas, enmohecidas. Hubiera pegado a su frente el cañón de la pistola y, tan sublime como siempre fue, aún me daría las gracias por haberle proporcionado el frescor del hierro en los últimos momentos de su vida. Los gavilanes de medianoche se levantaron, sobrecogidos, de las mesas. En mitad del fox se oyó un disparo y al encenderse las luces me vieron a mí, besando la sangre que cruzaba el rostro de la sombra. Tenía un sabor agridulce y al despertar de mi sueño lo contaba. Porque aunque pensé muchas veces en hacerlo, yo nunca iba a dejarme sufrir tanto. Por eso cada noche, al acostarme, me concentraba en el suceso para soñarlo. Al despertar, por la mañana, me pesaba en los labios la sangre espesa de la sombra.

Lo descubrí con la frente apoyada en el escaparate de la pastelería y en los ojos blancos, increíbles, le reconocí: Era Dios y estuve a punto de decírselo: te ves más viejo desde la última vez. Pero me pareció tan triste que hice como si no le conociera.

El corazón de Charo flota sobre las aguas del Delta como una flor endamascada. Fue asesinada al amanecer. En los raíles del tren se han encontrado fragmentos del dietario de su amor. Relatos de luna llena, caligrafía imposible, Cristo crucificado, ¿qué pasó? Adamo guarda silencio en el Olimpia y las monjas de Sagrado Corazón cubren el cuerpo mutilado con flores de azahar. Qué historia más extraña la de algunas colegialas.

Cerré la puerta. Bajé las escaleras. Tropecé con el sereno y se rompió el silencio. Le supliqué con un gesto que no lo dijera y lo dijo: «Hoy no vienen, señorita; no les toca». Y aún no había vuelto yo la esquina oí cómo le iba con el cuento al guarda de la taberna: «Está loca esa chica. Cada día, a las doce, baja para abrir la puerta a los muertos». Tuve que retener a tío Jacobo que quería retarle a un duelo. Tío Jacobo murió antes del 36 y no estaba acostumbrado a la mala educación de los serenos para con las señoritas.

Pasaban de las doce de la noche cuando regresaba a casa, y juro que no bebí, pero allí estaban los dos, jugando a cartas a la vuelta de la esquina. Eran dos sombras para siempre enamoradas: Bécquer y Ché Guevara.

Todo sucedió con la máxima sencillez, de acuerdo con lo que las conveniencias exigen y sin afectación alguna por su parte. Corazón Amarillo Sangre Azul pronunció su último mensaje: dejad en paz a los alcohólicos y no olvidéis que los cisnes cantan antes de morir.

Aquel hombre de ojos rojos y chaqueta azul venía de muy lejos. Balbuceaba canciones por los parques y solía relatar historias aparentemente sin sentido. Sin embargo, parecía poseer un extraño entendimiento y saber por qué algunos adolescentes lloran al despertar, herido el pecho por el resplandor de la mañana.

LEOPOLDO MARÍA PANERO
1948 - [2014]

Nacido en Madrid. Estudios de Filosofía y Letras. Obra poética: *Así se fundó Carnaby Street* (inédito).

POÉTICA

El siguiente personaje que sale a escena soy yo: dibuja ahora el escorzo de un comedor de opio con su pequeño «recipiente de oro de la maléfica droga» posado sobre una mesa cercana. En él puedes poner un cuarto de láudano color rubí. Todo esto junto a un texto de metafísica alemana justo al lado: mi cercana presencia estará así suficientemente demostrada.

THOMAS DE QUINCEY

(De *Hortus conclusus*)
Peter Pan, Garfio.

GARFIO.—Vivo dentro de la fantasía paranoica del fin del mundo y no sólo no quiero salir de ella sino que pretendo que los demás entren en ella. Todas mis palabras son la misma que se inclina hacia muchos lados, la palabra FIN, la palabra que es el silencio, dicha de muchos modos. Porque es un FIN que incluye a todos en la única tragedia a la que sólo se puede contemplar participando en ella. Es la tragedia convertida en absoluto y por consiguiente desaparecida

Es la muerte que desaparece

Vivo bajo la sola protección de una idea: el muro de lo absoluto es para mí una enfermedad o excepción que a todos incluye. Se trata siempre del fin en la tragedia, pero cuando este fin es el sueño del fin universal, la tragedia trata en él de ser plenamente.

Es un *crepúsculo activo*: un asesinato.

UNAS PALABRAS PARA PETER PAN

«No puedo ya ir contigo, Peter. He olvidado volar, y... Wendy se levantó y encendió la luz: él lanzó un grito de color...».

JAMES MATTHEW BARRIE

Pero conoceremos otras primaveras, cruzarán el cielo otros nombres—Jane, Margaret—. El desvío en la ruta, la visita a la Isla-Que-No-Existe, está previsto en el itinerario. Cruzarán el cielo otros nombres, hasta ser llamados, uno tras otro, por la voz de la señora Darling (el barco pirata naufraga, Campanilla cae al suelo sin un grito, los Niños Extraviados vuelven el rostro a sus esposas o toman sus carteras de piel bajo el brazo, Billy el Tatuado saluda cortésmente, el señor Darling invita a todos ellos a tomar el té a las cinco). Las pieles de animales, el polvo mágico que necesitaba de la complicidad de un pensamiento, es puesto tras de la pizarra, en una habitación para ellos destinada en el n.º 14 de una calle de Londres, en una habitación cuya luz ahora nadie enciende. Usted lleva razón, señor Darling, Peter Pan no existe, pero sí Wendy Jane, Margaret y los Niños Extraviados. No hay nada detrás del espejo, tranquilícese, señor Darling, todo estaba previsto, todos ellos acudirán puntualmente a las cinco, nadie faltará a la mesa. Campanilla necesita a Wendy, las Sirenas a Jane, los Piratas a Margaret. Peter Pan no existe. «Peter Pan, ¿no lo sabías? Mi nombre es Wendy Darling». El río dejó hace tiempo la verde llanura, pero sigue su curso. Conocer el Sur, las Islas, nos ayudará, nos servirá de algo al fin y al cabo, durante el resto de la semana. Wendy, Wendy Darling. Deje ya de retorcerse el bigote, señor Darling, Peter Pan no es más que un nombre, un nombre más para pronunciar a solas, con voz queda, en la habitación a oscuras. Deje ya de retorcerse el bigote, todo quedará en unas lágrimas, en un sollozo apagado por la noche: todo está en orden, tranquilícese, señor Darling.

DESEO DE SER PIEL ROJA

La llanura infinita y el cielo su reflejo.
Deseo de ser piel roja.
A las ciudades sin aire llega a veces sin ruido
el relincho de un onagro o el trotar de un bisonte.
Deseo de ser piel roja.
Sitting Bull ha muerto: no hay tambores
que anuncien su llegada a las Grandes Praderas.
Deseo de ser piel roja.
El caballo de hierro cruza ahora sin miedo
desiertos abrasados de silencio. Deseo
de ser piel roja.
Sitting Bull ha muerto y no hay tambores
para hacerlo volver desde el reino de las sombras.
Deseo de ser piel roja.
Cruzó un último jinete la infinita
llanura, dejó tras de sí vana
polvareda, que luego se deshizo en el viento.
Deseo de ser piel roja.
En la Reservación no anida
serpiente cascabel, sino abandono.
DESEO DE SER PIEL ROJA.
(Sitting Bull ha muerto, los tambores
lo gritan sin esperar respuesta.)

NO SENTISTE CRISÁLIDA AÚN EL PESO DEL AIRE…

No sentiste crisálida aún el peso del aire
en tu cuerpo aún sin límites no hubo deseos alas
en tu cuerpo aún sin límites ciega luz no sentiste
oh diamante aún intacto el peso del aire.

A lo lejos azules las montañas qué esperan
Por dónde van las águilas. Cruzan sombras la nieve
Canta el viento en los álamos los arroyos susurran
Las luciérnagas brillan en las noches serenas
Olor denso a resina crepitan las hogueras
Con antorchas acosan y dan muerte a los lobos
En combate de luces derrotada la nieve
Nada turba el jazmín al aire florecido

Y sus rubias cabezas sobre la hierba húmeda

Son sus ojos azules un volcán apagado
En el viento naufragan sus cabellos de oro
De sus muslos inmóviles tanta luz que deserta

Cómo duele en la sombra desear cuerpos muertos.

La mies amarillea caen a tierra los frutos
Ellos vuelven cansados y no hay luz en sus ojos
Pero los huesos brillan y dividen la noche
Hueste antigua que danza alrededor del fuego
La hora es del regreso y no hay luz en sus ojos

Salpicaduras al borde del camino cabellos aplastados
La hora es del regreso tened cuidado aguardan.

Las luciérnagas brillan en las noches serenas

Canta el viento en los huesos como en álamos secos
entra en el pecho silba y ríe en las mandíbulas
entre las ramas flota de un ruiseñor el canto
y como un río el viento acaricia sus cuencas

A lo lejos azules las montañas qué esperan
Una antorcha en la mano de mármol una llama de gas
bajo el arco vacila
Y sus nombres apenas quiebran la luz el aire

Sepultará la tierra tan débiles cenizas
volarán sobre ellas golondrinas y cuervos
sobre ellas rebaños pasarán hacia el Sur
se alzará sobre ellas el sueño de pastores
y desnuda la tierra morirá con la nieve
La hora es del regreso en sus labios asoman
olvidadas canciones rostros contra el poniente

Qué voló de sus labios al cielo y sus ojos azules
qué lava derramaron en qué ocultas laderas
En sus ojos azules se posaba la escarcha
antaño fue el deseo siempre arrancada venda
oh qué fuego voló de sus labios al cielo
aquellos labios rojos que otros nunca olvidaron.

Pero el viento deshace las últimas nieblas
Otros creen que es el frío en las manos caídas
Olvidan que la llama tan sólo se apaga en sus ojos
que después no es el frío, es aún menos que el frío.

IMPERFECTO

Inclinó la cabeza sobre el cadáver. Sobre el lago: mundos sumergidos, vio reflejada su propia imagen, en los ojos de Anne, aquella tarde, en la escalinata del Sacré Coeur, no encontró una respuesta. El cielo se llenó de nubarrones, pero no llovería jamás sobre las inmensas praderas de Kentucky. La lluvia resbalaba sobre el cadáver, la gente descendía a nuestro lado, sin mirarnos. Algo había en el fondo: una sombra, se movía, parecía mirarnos. El cielo, alto. Llovía, aquella tarde, en París, y no supimos dónde refugiarnos. No encontró una respuesta. Antes de morir trató de decir algo, acaso un nombre, una fecha. Trató de besarla, ella volvió la cabeza y empezó a hablar rápidamente, de Jim, del «Dragón Rojo». Faltaba poco tiempo para que se despidieran. Al fin llegó la ambulancia, inútil. Era preciso decirle algo, tratar de arreglarlo como fuera. No le contestó nadie aquella noche, en el lago. Nunca llovería sobre Kentucky. Subieron el cadáver lentamente a la ambulancia, como si estuviera a punto de decirle algo. Antes de que se marchara, de que abandonara la ciudad para siempre. Mientras la lluvia resbalaba sobre los cabellos de Anne, sobre su impermeable. Manchado de sangre, se mezclaba con ella, caía sobre el asfalto. Arrojé una piedra al agua. Los bosques. Nací allí, pasé mi infancia en la finca de mi abuelo. Hubo una gran sequía, que abrasó los campos. Mi abuelo aún recordaba a los indios. Hablaba mucho, continuamente. «¿Por qué, ahora, de Jim?», pensó. «¿Por qué precisamente de Jim?». En aquel portal. La sirena de la ambulancia, los titulares de los periódicos, las fotografías, los interrogatorios: inútiles. Una ficha en el depósito de cadáveres. Los Museos de Cera. Se había olvidado de la pregunta, y ahora ella hablaba rápidamente, los automóviles, luces rojas. Mi abuelo, aquella noche, me confesó que siempre hubiera deseado perder la memoria. Un tipo extraño, es viejo, tiene manías. El policía lo golpeó con la culata del revólver. Era imposible que lo hubiese olvidado. Las golondrinas.

EL POEMA DEL CHÉ

Combatei, pois, na terra arida e bruta,
té que a revolva a remoinhar da luta,
té que a fecunde o sangue dos herois!

ANTHERO DE QUENTAL

Fue la primera vez que asistí a la muerte de un enano. El entierro fue emocionante, el día del funeral la iglesia estaba atestada. Traté de ver el cadáver. Las ratas mordían furiosamente su piel rosada. Todos lo supimos, entonces. La peste había llegado a Spoletto.

El Hombre Amarillo fue acribillado a balazos, desde un automóvil en marcha, en la Calle Mayor, delante de un escaparate de librería. Todos, se acercaron a él para escuchar sus últimas palabras, que más tarde habrían de figurar en el Libro de Frases Célebres. Pero el Hombre Amarillo no tuvo, para ellos, últimas palabras. La situación era embarazosa. El Arzobispo pronunció un discurso.

Fue la primera vez que hablé con el Hombre Amarillo. Pronunció algunos nombres, lo recuerdo confusamente. Pero no habló del sol, ni aludió a ninguna persona conocida. Tampoco habló de sí mismo. ¿Y cómo podría hacerlo? ¿Quién era el Hombre Amarillo? ¿Cuándo había llegado a la ciudad? En otra ocasión, él mismo me confesó que no sabía nada al respecto. El Hombre Amarillo no era como los demás, de eso no cabía duda. Pero tampoco era un Superhombre, como Supermán, o Mandrake, o Batman, puesto que no ayudaba a resolver casos a la policía. Hubo quien se atrevió a afirmar que hasta era amigo de los delincuentes. Sin embargo, no se encontraron pruebas. El Hombre Amarillo estaba en libertad. Era cuanto se podía decir de él.

El Hombre Amarillo llegó a la ciudad, una mañana de mayo. Al principio pasó inadvertido. La primavera, el clamor de las bocinas y las diarias ocupaciones de los habitantes de Hamelin, contribuyeron a ello. Pero con él la oscuridad (o la luz) llegó. Los habitantes de Hamelin se sintieron descubiertos. Era como si un relámpago, inmóvil en el cielo desierto…

20.000 LEGUAS DE VIAJE SUBMARINO

Como un hilo o aguja que casi no se siente
como un débil cristal herido por el fuego
como un lago en que ahora es dulce sumergirse
oh esta paz que de pronto cruza mis dientes
este abrazo de las profundidades
luz lejana que me llega a través de la inmensa lonja de la
catedral desierta
quién pudiera quebrar estos barrotes como espigas
dejadme descansar en este silencioso rostro que nada exige
dejadme esperar el iceberg que cruza callado el mar sin
luna
dejad que mi beso resbale sobre su cuerpo helado
cuando alcance la orilla en que sólo la espera es posible
oh dejadme besar este humo que se deshace
este mundo que me acoge sin preguntarme nada este
mundo de tities disecados
morir en brazos de la niebla
morir sí, aquí, donde todo es nieve o silencio
que mi pecho ardiente expire tras de un beso a lo que es
sólo aire
más allá el viento es una guitarra poderosa pero él no nos
llama
dejadme entonces besar este astro apagado traspasar el
espejo y llegar así adonde ni siquiera el suspiro es
posible
donde sólo unos labios inmóviles

ya no dicen o sueñan
y recorrer así este inmenso Museo de Cera deteniéndome
por ejemplo en las plumas recién nacidas
o en el instante en que la luz deslumbra a la crisálida
y algo más tarde la luna y los susurros
y examinar después los labios que fulgen
cuando dos cuerpos se unen formando una estrella
y cerrar por fin los ojos cuando la mariposa próxima a caer
sobre la
tierra sorda quiere en vano volver sus alas hacia lo verde
que ahora la desconoce

PRIMER AMOR

... ora
sei rimasta sola...

RIKI GIANCO-MIKI DEL PRETE

Esta sonrisa que me llega como el poniente
que se aplasta contra mi carne que hasta entonces sentía
sólo calor o frío
esta música quemada o mariposa débil como el aire que
quisiera tan sólo un alfiler para evitar su caída
ahora
cuando el reloj avanza sin horizonte o luna sin viento sin
bandera
esta tristeza o frío
no llames a mi puerta deja que el viento se lleve tus labios
este cadáver que todavía guarda el calor de nuestros besos
dejadme contemplar el mundo en una lágrima
Ven despacio hacia mí luna de dientes caídos
Dejadme entrar en la cueva submarina
atrás quedan las formas que se suceden sin dejar huella
todo lo que pasa y se deshace dejando tan sólo un
humo blanco
atrás quedan los sueños que hoy son sólo hielo o piedra
agua dulce como un beso desde el otro lado del horizonte

Pájaros pálidos en jaulas de oro.

PARA EVITAR A LOS LADRONES DE BOLSOS

Cuca está hueca. Sí, ¿no sabías? Le quitaron la matriz, los ovarios, todo. Quizá por eso él la llama Hiroshima Mon Amour. Sí mujer, y ella se cree que no se ha enterado nadie. Y en realidad todo el mundo finge ignorarlo, no sólo, naturalmente, ante ella. Sí, sí, yo creo que lo saben, que sí mujer, cómo no lo van a saber. Fíjate qué importancia le da a la cosa. No, no, a mí la matriz no me la quitaron, pero sin embargo yo misma se lo conté a todo el mundo como la cosa más natural. No, cómo iba a llevar un vestido malva. Y qué obsesión que si la miran, que si la tocan. Y nadie la mira, ¡cómo la van a mirar! y nadie la toca. Qué cosas tienes. Sí, sí, pues dice fíjate que si por un momento se olvida de correr bien los visillos, y se ha quitado las medias, ¿qué otra cosa iba a decir, la pobre? en seguida ¡plaf! los curiosos, como les llama ella, se asoman a la ventana de enfrente, del patio. Los curiosos. Algo así como los ovnis, los curiosos.

recuerdas el que vivía antes en el piso de arriba y echó a su hija de casa y se oían los gritos y luego él tiró sus muñecas al patio porque ella todavía conservaba sus muñecas y allí estuvieron entre toda aquella basura y las miramos que no se movían y ya no se oían gritos hasta que se hizo de noche y luego el portero debió de recogerlas a la mañana siguiente algunas sin brazos

las estuvimos mirando toda la tarde mientras iban perdiendo forma hasta que oscureció y no pudimos verlas y luego cuando me desperté a medianoche pensé «ya no queda nadie para vigilarlas».

APÉNDICE DOCUMENTAL

LA CRÍTICA

Diciembre de 1969-Febrero de 1971

JM

MINISTERIO DE INFORMACION Y TURISMO

DIRECCION GENERAL DE CULTURA POPULAR Y ESPECTACULOS

ORDENACION EDITORIAL

Núm. 273-70

Mod. 749 - 11687

En contestación a su consulta de fecha 12-1-70 relativa a la obra " NUEVE NOVISIMOS POETAS ESPAÑOLES " José María Castellet se aconseja la supresión de los pasajes señalados en las páginas 5-12-13-14-15-46-47-48a 51-57 58 a 62-65 a 67-109-199-223-224

Dios guarde a Vd. muchos años.

Madrid, 30 de Enero de 1970

P. EL DIRECTOR GENERAL
DE CULTURA POPULAR Y ESPECTACULOS,

Sr. D. BARRAL EDITORES - Madrid

E.G.R. *Castellet: Nueva escuela*

En Barcelona se asegura que el crítico y ensayista José María Castellet prepara el lanzamiento de una nueva escuela literaria, a la que dará el espaldarazo en un libro que aparecerá en breve, editado por Carlos Barral. A este propósito cabe recordar que fue Castellet quien agrupó a los poetas social-realistas al final de los años cincuenta, en un libro que suscitó vivas polémicas: *Veinte años de poesía española.* En la introducción, el crítico explicaba los postulados de la tendencia según él prevaleciente, por la estructura político-social del país, a cuyos condicionamientos se hallaba sujeta la producción literaria. Algunos reprocharon al método utilizado por Castellet su excesivo mecanicismo. El propio crítico reconoció la existencia en su análisis de esta debilidad.

El libro que ahora ha puesto en manos de Carlos Barral reúne una selección de poemas de autores jóvenes, sin más nexo que su edad y la común voluntad de establecer una ruptura con las tendencias en vigor los últimos años. Varios de ellos ya son muy conocidos, por sus actividades literarias y periodísticas, como nuestro colaborador Manuel Vázquez Montalbán. Otros, por sus libros y por sus premios por ejemplo, Pedro Gimferrer. Añadamos a éstos los nombres de Ana María Moix, de la que El Bardo acaba de publicar un libro; Félix de Azúa, Vicente Molina, uno de los hermanos Panero—hijos de Leopoldo—y varios más de Barcelona y de Madrid, que han decidido quebrar las líneas patentadas, y en su opinión agotadas, por los social-realistas y también por los que algunos han llamado «intimistas». Por supuesto, la antología irá precedida por un estudio de Castellet, en el cual, según nuestras noticias, se ha propuesto exponer y explicar la poética—o las poéticas—de los autores seleccionados.

(*Triunfo*, nº 392, 5.12.1969.)

JULIÁN CHAMORRO GAY Y ANÍBAL NÚÑEZ *Cultura e Industria*

Hace poco leíamos en *Triunfo*, en su sección dedicada a las Artes y las Letras, una extensa nota, firmada por E.G.R., que nos ha llenado de inquietud. ... nuestra determinada y poco consumida poesía va a sufrir, si la nota comentada no miente, el impulso reactivador: José María Castellet, «quien agrupó a los poetas social-realistas al final de los años cincuenta—es copia literal—, según se asegura en Barcelona..., prepara el lanzamiento de una nueva escuela literaria, a la que dará el espaldarazo en un libro que aparecerá en breve editado por Carlos Barral». Los «elegidos» son: Manuel Vázquez Montalbán, Pedro Gimferrer (Premio Nacional de Poesía), Ana María Moix, Félix de Azúa, Vicente Molina, uno de los hermanos Panero... y otros de los cenáculos de Madrid y Barcelona. ...

No es nuestra intención criticar aquí la obra de los poetas de José María Castellet va a reunir y lanzar. Lo que nos interesa dejar bien claro es nuestra repulsa para los métodos con que se pretende imponerlos. Y también la sospecha de que tras esta actitud renovadora no existe más que una poesía metropolitana de evasión y de divertimentos formalistas. Esta pretensión de superar un social-realismo que, si bien ya está en parte anquilosado, es lo más positivo de la poesía de posguerra, por medio de rupturas tan violentas como la que se nos pregona, no creemos que sea lo procedente, y de ahí esta sospecha. Por otra parte, nos parece más válido el enriquecimiento y la asimilación de la auténtica poesía anterior, la búsqueda honesta de formas más actuales de comunicación, pero siempre partiendo de una experiencia realista, intención que es vigente en muchos poetas jóvenes. Aunque estos poetas no dispongan de plataformas de lanzamiento tan poderosas y sugestivas como la que José María Castellet ofrece a estos poetas—¿cómo los bautizará?, ¿neo-modernistas?—de Madrid y Barcelona.

(Carta a la revista *Triunfo*.)

RAFAEL CONTE *J. M. Castellet o la crítica como provocación*

En *La hora del lector*, José María Castellet abogaba—hace también muchos años, trece exactamente—por las nuevas tendencias de la narrativa objetiva, por la desaparición del autor, escondido tras la propia obra, y la invasión del lector con todos sus derechos para elegir y para que se respeten esos derechos. Años más tarde, en todo el mundo, la nueva narrativa se cuida poco de escamotear o no al autor de respetar o no al lector: es la novela latinoamericana, donde el único dato común es la libertad y la rebelión. Después, en la citada *Veinte años de poesía española*, Castellet levantó una lanza en favor de la poesía social y comprometida. Fue asimismo el mentor de la generación novelística del llamado «realismo sociológico». En 1966, al mismo tiempo, al reeditar la antología de 1959 bajo el título de *Un cuarto de siglo de poesía española*, tuvo que corregir su prólogo, limitar sus juicios y rebajar la intensidad de sus adjetivos. Y finalmente en su extenso trabajo aparecido en una revista sudamericana, el crítico y reiterado antólogo extendía el certificado de defunción de la generación realista—mal llamada «de la breza»—bajo el título de «tiempo de destrucción para la novela española». Tras explicar otro fenómeno de actualidad—*Lectura de Marcuse*, en 1969—, José María Castellet vuelve a reincidir en sus aventuras antológicas con esta cosecha reciente de los *Nueve novísimos*, que es posible que también le proporcione algunos dolores de cabeza.

Porque, en última instancia, y siguiendo las razones del lector, de poco vale que José María Castellet intente desligarse de los autores antologizados. Su estudio previo respira un regocijo espléndido, una simpatía irresistible hacia las aventuras estéticas de estos jóvenes poetas. Por otra parte, salvo algunas excepciones, el nombre del antólogo es mucho más importante que el de la mayoría de los antologizados. Ese es un hecho indudable, lo cual, a los ojos del lector, avala a Castellet como el patrocinador de esta propuesta colectiva, a pesar de todas sus cautelas, de todas las reservas ampliamente repetidas a lo largo de su estudio.

Lo cual expone otra vez a este crítico, tan controvertido como influyente, a todos los vientos de la polémica. Pero ello no está nada de mal, y lo digo sin reserva alguna. Castellet practica el ejercicio antologizador como una provocación, como una propuesta arriesgada, en la que lleva todas las de ganar. ¿Podrá resistir con estos nueve nuevos nombres otra equivocación? Indudablemente, sí. Porque su estilo de crítica está anclado en el presente más perecedero, y no hay que olvidar que el cielo se gana en la tierra. Castellet conoce con toda claridad que el oficio del crítico es la equivocación, y, en una especie de negación dialéctica, se arriesga a negar y superar cada una de sus equivocaciones. Hasta su opción por Marcuse—un valor también de moda también en cuestión, y con cuestionable futuro—reviste estas ejemplares características de lo efímero, de lo transitorio, pero de lo enormemente sugestivo. ...

Si se prescinde de los personajes cinematográficos, de las constantes referencias a *comics,* a los medios de comunicación, a la música moderna más o menos *underground,* a los mitos de nuestro tiempo, a la novela policial, y hasta a la «ciencia-ficción», que constituye una hermosa hojarasca cautivadora, nos encontraremos entonces con otros datos también muy significativos: la revalorización de escritores olvidados—desde Stevenson y Oscar Wilde hasta Henry James—, de los métodos surrealistas, de los procedimientos modernistas, y una constante búsqueda de la belleza en seno de la libertad. Muchos de estos poetas apelan a lo *camp* como sentimiento aristocratizante, y otros como descenso a los métodos de la cultura popular. Unos desdeñan la poesía como arma—«no sirve para nada», dirá Vázquez Montalbán—y otros la elevan, como Gimferrer, a los tronos más excelsos y autónomos. Algunos aroman sus composiciones con el formalismo más tradicional, y otros utilizan la prosa poética. En realidad, el panorama, en profundidad—y como advierte, curado en salud, el propio Castellet—, resulta muy conflictivo. Las tensiones entre los diversos poetas parecen tan evidentes, al menos, como sus afinidades.

Estas mismas tensiones se advierten en las breves poéticas incluidas de cada uno de estos escritores. En ellas puede rastrearse desde la posición crítica de Vázquez Montalbán hasta la reducción al absurdo de José María Álvarez—al que perjudican sus constantes referencias culturales—, desde los intentos de construir una evolución histórica rigurosa de Antonio Martínez Sarrión, hasta el esteticismo radical de un Félix de Azúa; desde la construcción de una retórica personal de Pedro Gimferrer hasta la recuperación de una cierta literatura perdida por parte de Vicente Molina-Foix; desde la persecución del estilo en Guillermo Carnero hasta la apelación biográfica de Ana María Moix, o el anarquismo destructor de Leopoldo María Panero. En resumen, el panorama sigue estando bastante oscuro.

Esta oscuridad se acrecentaría con la inclusión de nombres que han quedado fuera de esta antología. No toda la poesía joven española va por este camino—y habría que citar el caso de un excelente poeta, José Miguel Ullán, para demostrarlo, o el de Agustín Delgado—y aún hay otros escritores que sí lo siguen, como Marcos Ricardo Barnatán (de formación española, pese a su nacionalidad argentina), Jorge Rodríguez Padrón, Rafael Ballesteros, con sus magníficas «Contacifras», López Luna o Colinas.

Por otra parte, esta ruptura podría ser una evolución si se considera la obra de algunos poetas de la generación anterior, que cuestionaron el realismo desde su interior, como Jaime Gil de Biedma, Ángel González, José Ángel Valente, Félix Grande o Claudio Rodríguez, probablemente el más perfecto de nuestros jóvenes poetas. Buscar y rastrear dónde terminan y comienzan las influencias y las interrelaciones podría explicar muchas cosas. Y, por último, en varios de los escritores incluidos en este volumen, se observa una escasa entidad de producción todavía, algunos son autores de un solo libro, y otros reniegan de algunas de sus obras publicadas.

En resumidas cuentas, estos nueve novísimos podrían ser más o menos de nueve, más o menos novísimos o postrimerías, apelar a la ruptura o a la continuidad, ser una escuela poética—más o menos veneciana—o un grupo de presión, ser un grupo de amigos o de enemigos, o lo que sea. También podría tratarse de una moda efímera—lo cual no creo, apoyándose en la continuidad y la calidad de alguno de ellos—o de un camino fructífero hacia el futuro. En literatura no hay regresos puros, ni retornos más o menos eternos, sino un camino hacia adelante, donde las suscitaciones se acumulan, se disuelven y se fecundan. Esta antología es una especie de provocación que puede resultar fructífera. Apelar a la libertad y a la belleza siempre es sano; aunque sean precisos otros elementos que en esta ocasión han sido dejados de lado. Se trata también de un signo de los tiempos, que asimismo señala Castellet: de uno más de los caminos del exceso.

(*Informaciones*, 14.05.1970.)

Castellet, con la inteligente precaución de no dogmatizar en esta antología, intenta mostrarnos la más joven poesía, que supone una ruptura con la anterior. ... Una de las principales diferencias entre la coqueluche y los seniors está en que aquéllos «se forman de espaldas a sus mayores» y los seniors en cambio evolucionan a partir de, y contra, el estilo de la poesía española de los años sesenta. Curiosamente, los «precursores» del movimiento—Castellet no habla de ello—creo que fueron Ferrer Lerín (*De las condiciones humanas,* 1964) y Pedro Gimferrer (el luego repudiado por su autor *Mensaje del tetrarca,* 1963, y, sobre todo, *Arde el mar,* 1966). El senior José M. Álvarez se inició por aquella época en la poesía con su excelente *Libro de las nuevas herramientas,* popular y de vertiente social, y hasta 1967 no aparece la obra de Vázquez Montalbán y Martínez Sarrión. La división, pues, entre seniors y coqueluche parece más bien arbitraria, porque la lucha teórica contra los estilos vigentes entonces y hoy corresponde tanto a Montalbán como a Gimferrer.

Más «grave» cabe considerar las pocas razones históricas con que Castellet apoya la distinción entre la generación de los niños de la guerra—*grosso modo* antologizada por José Batlló—y la que nos presenta. Esta última la integrarían poetas que nacieron después de la guerra civil y que «cronológicamente pertenecen a la generación que en todo el mundo es protagonista del fenómeno conocido por "la revolución de los jóvenes"». La diferencia de edad, de formación y, en tantos poetas, de expresión es tan escasa que hemos de admirar la precisión del análisis de Castellet. Sin embargo, por lo que viene publicando en revistas, Joaquín Marco (1935), y Félix Grande (1937), en *Blanco spirituals,* podrían tener un lugar en su selección. ...

Hoy por hoy, los novísimos han aportado a la poesía castellana un lenguaje poético y rico, musical y cultista y, en algunos casos, ironía en la exposición y en los temas. Aunque, a mi modo de ver, y si la poesía, como dice Carnero, ha de ser en primer lugar poesía, Molina Foix, Ana M.ª Moix y Leopoldo M.ª Panero todavía tienen que empezar a andar el camino. Hablando de camino, Carnero ha publicado otros libros que *Dibujo de la muerte* (1967). Y para cerrar como empezamos, otra dura y sin duda exagerada cita de un «cogeneracionario», Aníbal Núñez, sobre Ana María Moix: «Mieditis, imaginación de paralítico, libertad del colegial fumando a escondidas en el retrete del internado».

Castellet, crítico de ayer y de hoy, ha prestado con su interesante *Nueve novísimos* un notable servicio a la polémica. Algo, al fin y al cabo, que contribuirá quizás a estimular un poco la crítica de poesía y ayudará a conocer una cara de la más joven poesía española, los poetas que preferimos llamar de la cultura, como diría Ezra Pound.

(*La Vanguardia Española*, 21.05.1970.)

EMILIO ALARCOS LLORACH Carta a J. M. Castellet

Oviedo, 30 mayo 1970.

Distinguido amigo: le agradezco mucho sus elogios sobre el librejo de Ángel. Y también el envío de su interesante antología *Nueve novísimos.* He tardado en contestarle porque esta temporada anda uno de cabeza con exámenes y demás zarandajas académicas. Aunque los planteamientos de V. y mío, como dice V. bien, sean diferentes, me ha gustado mucho su prólogo, que aclara—creo—perfectamente la labor de esta novísima generación, y estoy totalmente de acuerdo con V. Lo que ya no me gusta tanto—y a veces no me gusta nada—son los resultados poemáticos de los autores. Es posible que dentro de veinte años estos poetas cambien radicalmente y consigan comunicarnos algo más poético y vital. Por el momento, me dejan frío, aunque en el fondo de algunos se vea el motor esencial de toda poesía: el haber descubierto que la vida es una estafa y que dentro de cien años todos calvos.

Mi enhorabuena otra vez. Confío en que alguna vez nos conozcamos personalmente.

Entre tanto, le saluda muy cordialmente su buen amigo

ALARCOS.

(Carta manuscrita sobre papel con membrete de la Universidad de Oviedo, Facultad de Filosofía y Letras, Cátedra de Historia del Español. Archivo personal de J. M. Castellet.)

MELIÁ *Castellet y los novísimos*

Cada antología es una especie de manifiesto de escuela o de partido, de asociación o de sindicato. Uno de los pocos caminos seguros hacia la fama literaria pasa por las antologías.

J. M. Castellet es uno de los más hábiles artífices de esta clase de combinaciones. Tiene, en lo personal, una gran *charme*, pose de experto en relaciones públicas, gesto tranquilizador y afable. Dogmatiza con suavidad, esnobiza con convicción, importa ideas y tendencias sin detenerse a pagar derechos de aduana, está perpetuamente *in*, como los hombres maduros que no se resignan a dejar de ser jóvenes. Castellet es un fenómeno, fundamentalmente extraliterario, de la literatura española contemporánea. Y su labor, una de las armas arrojadizas, preferidas en el ambiente provinciano de nuestras letras. ...

Existe una innegable unidad formal y temática entre los nueve escritores recogidos en el volumen. Pero Castellet juega con ventaja. Todos estos escritores son primerizos y en algún caso inéditos. Pueden existir otras muchas tendencias que se sustraen a nuestra curiosidad. Más que antológica, pues, se trata de un manifiesto generacional ... Da la impresión de que Castellet quiere legitimar con su autoridad la actitud civil de los poetas castellano-parlantes de Cataluña. Castellet no profundiza, pero interesa.

Su prólogo a la antología tiene muchos aspectos interesantes y abundantes hallazgos. Por lo menos hemos ganado sentido del humor. A una poesía anticonvencional no le va la retórica ni la ortodoxia permanente. El escepticismo es mejor aliado de la literatura que el dogmatismo político. Castellet ve correctamente las líneas predominantes de esta novísima manera de hacer poesía.

¿Es apresurado incluir poetas de veinte años en una antología? Es más que probable que más de uno de estos poetas abandone la literatura, consuma su existencia en algún menester burocrático. Sacar conclusiones a través de una obra que nunca había llegado al lector es obligadamente apresurado. Pero Castellet lo sabe. Juega con la confianza del lector para entronizar a la nueva generación poética y darle respaldo. Es una operación de crédito lo que se abre, no un intento de balance. Y Castellet avala con la misma convicción, aunque con menos rotundidad, que con la novela social o la poesía realista.

Castellet se ha equivocado en muchas cosas. Pero porque se le juzga con arreglo a modelos de crítica literaria, cuando lo que Castellet hace es otra cosa. Tiene una gran sensibilidad ante la historia. Detecta las corrientes, sabe lo que está *in* y lo que está *out*. Permanece siempre en el centro de la actualidad. Aunque para ello tenga que ser Josep Maria o José María. La mayor razón de escándalo es que Castellet juega una gama de valores absolutamente distintos de los que el resto de la fauna literaria del país lleva en su cabeza.

Lo he pasado bien leyendo los *Nueve novísimos*. Ni son todos los que están ni están todos los que son. Alguno me parece más bien mediocre—la misma señorita Moix, por ejemplo—y como destinado a cumplir una función epigonal, de comparsa. Si yo pretendiera, o algún lector, que aquí están los nombres de la poesía española del inmediato futuro, pecaría seguramente de ingenuidad. Pero lo que ahora tenemos no es una obra conseguida, sino un deliberado intento de ruptura, una pugna por el estallido de la personalidad generacional, un intento de clasificación conseguido a costa de relativismo y del sarcasmo.

Estos son los valores. Es la poesía de una generación desorientada, grupuscular, sin tareas activas concretas, resentida por marginada, escéptica por desilusionada. Es poesía de sociedad de consumo de usocapitalismo económico y moderada apertura de la posibilidad de comunicación. Es otro subproducto de la realidad estructural del país.

Pero el país se hace cada día. No es ya el mismo país que existió la noche en que estos versos nacieron. Por eso el retrato tiene un valor efímero, muy circunscrito a la actualidad. ¿Quedará algo de todo ello? Cabe esperarlo, no sólo, sino desear que estos hombres puedan prefigurar también la historia que nace.

(*Nuevo Diario*, Libros, XXXVI/16.)

JUAN RIPOLL *Claves para los novísimos*

La literatura española está viviendo unos interesantes momentos de transición hacia nuevas formas de expresión y de pensamiento, ya sea por influencias de corrientes extranjeras, ya sea por propia evolución desde sí misma. Rastrear este punto de inflexión es, en cierto modo, una aventura y un deber, y por esta razón deben agradecerse, de entrada, cuantos intentos se hagan en este sentido.

Un buen intento, por más que incompleto, ha sido el llevado a cabo por el combativo crítico José María Castellet con sus *Nueve novísimos poetas españoles*, libro editado por Barral Editores en su, por ahora, beligerante colección de poesía Libros de Enlace. En este libro, Castellet recoge testimonios y obras de nueve poetas jóvenes y, a su vez fiel a sí mismo, trata de encontrar una clave sociológica al hecho de su eclosión.

Arriesgada tarea, desde luego, en la que, y a pesar de su prudencia manifiesta, Castellet cae inevitablemente en una interpretación abusiva. En efecto, en su afán de explicar, correlacionar y justificar una pretendida mentalidad común generacional llega a veces a ciertas conclusiones que luego, en el mismo libro, los propios poetas analizados desmentirán más o menos explícitamente. ...

Nos hallamos pues, en conexión con la tradición cultista, retórica y preciosista—entremezclándola ahora con una ironía informalista y rachas de estilo *camp*—, tradición que de siempre ha ido alternando con el clasicismo realista. Entonces, creo que la problemática a considerar no es tanto la de preguntarse si esto es consecuencia de un determinismo de la época—en un sentido de interpretación social—, sino la de comprobar—dentro de las coordenadas de la cultura—si se responde a una oscilación frente a las tendencias realistas anteriores o a una auténtica libertad interior del artista que le lleva a crear según siente, sin otras consideraciones extraliterarias que le constriñan. A la luz de esta disyuntiva pienso que cobra su verdadero sentido la cita de Proudhon que, con tantas otras, puntúa una parte del libro: «Mi desdicha es que mis pasiones se confunden con mis ideas».

(*Sabadell*, 3.06.1970.)

C.F. *¡Oh, no!*

No es nuestra intención volver a incidir en lo que ya se ha venido diciendo sobre *Nueve novísimos,* ni sobre la sutil y maquiavélica política literaria del Sr. Castellet en ese prólogo llamado a ser ejemplo de la metáfora lorquiana—que ahora no recuerdo exactamente—y que venía a decir algo así como que «sus muslos se escapaban como delfines jabonados», en el que el juicio crítico viene a decir que sí, pero que no, o que no, pero que sí—que como valoración poética es toda una innovación—y en el que los meses de trabajo sobre la búsqueda de novísimos que han quedado en la selección de un grupo muy concreto de amigos de Centralia—Madrid y Barcelona—, *coqueluches* ellos —¡eso sí!—, mientras que la Periferia, eso que partiendo de las Vascongadas, baja hasta Extremadura, recorre los «poetas andaluces» y desemboca en una subida hacia el Levante, aparece más que olvidada, más que terriblemente descartada—puesto que el señor Castellet parece haber trabajado en ella durante muchos meses—poblada o bien de poetas arcaizantes con barbas canosas hasta las rodillas que escriben en tetrástrofos monorrimos todavía, o bien, exenta de «modernismo», es decir: aún fuera del ciclo de asimilación de las novedades difundidas por el aparato difusor «Eje Cibeles-Tibidabo» que es a la sazón el que, en el centro de la coyuntura literario-cultural, expide los sucedáneos más urgentes, frívolos, superficiales, inflacionistas al cabo, del «oro» de las tendencias, formas y contenidos que, desplazado de las fuentes de Centro Europa nos vuelve a llegar—¡oh, imperio de los Austria!—de la fresca Latinoamérica.

(*Primera Página,* Alicante, 4.06.1970.)

En los últimos años nuestro panorama literario ha sido pobre en la promoción o el lanzamiento espectacular de obras y escritores. Un poco a trasmano de los avatares culturales europeos ha sido difícil remover el casi siempre tranquilo fluir de las corrientes estéticas. Ahora, con nuestra pretendida inmersión en la llamada «sociedad de consumo», en algunos sectores se está poniendo de moda la fabricación del producto cultural, la comercialización del artículo estético en todos sus niveles, siguiendo los modelos más refinados de lo que T. W. Adorno calificó como «industria cultural»; un mercado cada vez con mayor capacidad adquisitiva por parte de los compradores se presta a la posible manipulación. ...

En esta coyuntura nos llega un nuevo producto, esta vez dentro de la poesía, bien promocionado desde la pretendida Barcelona «camp», con la garantía de la etiqueta «J. M. Castellet» asegurando la probidad del artículo. Se trata de la antología poética *Nueve novísimos*, en la que se recoge, al decir del vendedor, la última poesía en lengua castellana. ...

Difícil es hacer una crítica desapasionada de este libro, difícil porque su intención provocativa ha sido evidente en su lanzamiento y porque la introducción de Castellet, explicativa del porqué de la antología, toca tierra con la problemática estética de vigente discusión en los más responsables sectores de nuestro mundo literario. El análisis que Castellet hace de la actual situación nos parece correcto en la mayor parte de sus presupuestos; tampoco nadie defiende a capa y espada los modelos en boga cuando el llamado «realismo social», de cuyo auge el mismo Castellet no está exento de responsabilidad. Es evidente la crisis de este realismo y que otros vientos, quizás también apoyados por el cambio socioeconómico del país como dice el antólogo, están intentado soplar en la nueva poesía. No hay que discutir a Castellet el análisis motivador del nacimiento de una nueva sensibilidad. Lo que ya parece más oscuro es la paladina pretensión generalizadora de la sensibilidad de los poetas que él selecciona, en nuestra opinión nada representativos de la nueva poesía que se hace hoy en la totalidad del país, y sí vinculados a un ambiente excesivamente minoritario, cuya pretensión de modernidad indiscriminada a toda costa les hace caer en el conservadurismo. Más que «demistificadores» de una realidad o una literatura (como afirma Castellet utilizando las teorías de McLuhan, Umberto Eco y Dorfles), en la creencia de que la cáscara es de la misma contextura que el interior, reproducen la mitificación ambiental en su pretensión de autosuficiencia estética, no conscientes del idealismo que la renovación formal por sí misma, o la construcción de literatura sobre literatura, trae consigo. La fórmula de que en arte la forma es el mensaje, su verdadero contenido, a la cual responden los poetas seleccionados, parece rehuir el problema del contexto social en que el arte se produce, la eliminación del elemento socializador—no «humanista» sino humano—que todo lenguaje representa y conserva. ...

A nosotros, en la cacareada ruptura con el «social-realismo», la obra de estos nueve novísimos, interesante en aspectos particulares, no nos parece ni la más representativa ni la más consecuente. Quizás porque, rechazando también el anclaje en modelos pretéritos, la manera como se ha fabricado esta «contestación» poética no nos inspire demasiada confianza en su aspecto estético.

(*Álamo. Revista de Poesía,* nº 27-28, mayo-agosto 1970.)

FRANCO FORTINI Carta a J. M. Castellet

Noche del 2 de octubre de 1970.

Querido Castellet,

acabo de leer su introducción y una parte de las declaraciones de poética de los jóvenes autores; y también algunos textos. Creo haber entendido lo que usted me decía hoy; a saber, el pesar por no haber llevado más lejos su juicio y la inevitabilidad de los equívocos surgidos entre los grupos de opinión* que le han leído. Pero creo que eso no viene de una debilidad o un error en su juicio. Viene, creo, del hecho de que todo el libro es un discurso de poética, y sobre todo los textos. Los autores—hablo en general, y mi impresión es muy superficial—no parecen expresar, en sus poemas, más que la preocupación de situar co-

* Pero, hay que decirlo, el equívoco reside enteramente en la desafortunada frase de Barthes con la que cierra usted su introducción. Porque a Barthes nunca le ha gustado la dialéctica; y uno se lo figura, con sus «o bien... o bien...». Lo que él llama imposible «síntesis entre ideología y poesía» no es nada menos que la realidad corriente y cotidiana de *cualquier* hombre, que vive simultáneamente la penetrabilidad (u operatividad) de lo real y su impenetrabilidad, su *an sich.* Poner de relieve la oposición y la inconciliabilidad entre esos dos momentos, eso es lo que, hablando con propiedad, es ideológico, en el sentido marxista de la palabra. Pero fíjese en la fecha de las *Mythologies.* Entonces (1955-57) «poesía» era, para Barthes, un sinónimo de «religio» («la búsqueda del sentido inalienable de las cosas»), y en su frase expresaba la sensación de ahogo provocada por los excesos de politización—entre otros, de sus amigos de *Arguments*—y encabezaba la campaña antiideológica a cuya sombra surgieron los Novissimi italianos, los menos nuevos, los recién nacidos. Pero fíjese cómo supo traicionar su *aut-aut*: no quiso, a continuación, ni «ideologizar» una realidad enteramente permeable a la historia, ni «poetizar», sino más bien enmascarar su propia «poésie», su intimidad «impenetrable», «irreductible», con el Gran Aparato «científico» de la Semiología estructural—y confirmar que el racionalismo no-dialéctico tiene como contrapartida una mística que se avergüenza de sí misma, la peor de todas. Creo que no deberían proponerse a los jóvenes (poetas o no) dudosas fórmulas de autojustificación embutidas con la autoridad de un ensayista genial como R. Barthes.

rrectamente su «actividad»; según una ley interna de toda «vanguardia», la negación del «arte» por el sarcasmo, etc., desemboca paradójicamente en lo que, verbalmente, más odia y detesta la vanguardia: es decir, en la justificación ideológica, filosofante, en la *Weltanschauung*—fíjese en la mayoría de declaraciones. De hecho, lo dice usted muy bien en su introducción. Encuentro aquí, tan conmovedores que hacen llorar, todos los lugares comunes de la nueva vanguardia internacional, resquebrajada como los viejos Beatles. Percibo autenticidades, «wounded hearts», lágrimas tras las risas, como en tiempos de los bisabuelos, como los Scott-Fitzgerald, precisamente. Más de uno podrá, deberá, renegar de sí mismo, crecer, envejecer, aprender que la poesía es la juventud, pero la juventud *aufgehoben*... Y, sin embargo, no puedo dejar de sentir un escalofrío de sorpresa y de miedo, digo bien: de miedo, ante la prisa de la mayoría de estos autores por exhibir lo que acaban de comprar, según parece, en una de las innumerables librerías parisinas que desde hace un cuarto de siglo siguen proponiéndonos Breton Péret Artaud, Artaud Péret Bataille, etc., etc. No es grave que renieguen del pasado inmediato, de su historia y a veces de su lengua; *tienen* (tenemos, en Italia y en Europa) *gran cantidad de buenas* (y malas) *razones para hacerlo*; lo que es grave* es que parecen ignorar o más bien menospreciar el hecho de que sus elecciones más «sinceras» y «sufridas»—elección de lecturas, de nombres, de referencias, de *tòpoi—han sido dirigidas, previstas, etc., por la Kulturindustrie* y que *un solo poder* produce los deshechos urbanos con los que los artistas pop han realizado sus viejos ensambla-

* Y que casi no se da, por lo que yo sé (que no es mucho), en ciertas expresiones de la poesía americana de hace quince años (digamos Ginsberg) e incluso más reciente (Bob Dylan). Uno tiene la impresión de que esos americanos «saben» las estructuras reales de su hábitat y que nuestros jóvenes, aunque sean infinitamente más «sabios», y a veces sociólogos o economistas, no «saben» y quieren *no saber*. Algo muy tradicionalmente místico y español, me parece.

jes* y la señora Sonntag que lanza la moda *camp* (y enseguida se va hasta Vietnam para descubrir que los Viets están muy bien pero son periféricos, no decisivos en definitiva...). Parecen detenerse en la primera etapa. (Pienso en mi juventud, cuando todos los malos maestros de Florencia 1935-40 me enseñaban a venerar a Joyce, Kafka, Gide, Rimbaud, Mallarmé y Valéry (!) y a considerar, pongamos por caso, a Pushkin o Tolstoi, a Diderot o Swift o Goethe o Cervantes como venerables idiotas.) De ahí la responsabilidad que recae sobre usted, querido Castellet. Si hay algún error—y, sinceramente, no puedo juzgar el fondo de la cuestión—, no está en lo que usted piensa, es decir en no haber llevado lo bastante lejos la visión crítica; está, quizá, en haber aceptado *desde el principio* una categorización (de edad, de tendencia, de gusto) que es precisamente la más apetitosa para esa *Kulturindustrie* que, como editores o colaboradores de la edición, conocemos demasiado bien. Eco, por ejemplo—cuya amplitud de conocimientos y cuya lucidez de inteligencia respeto—, y otros mucho menos inteligentes y preparados que él han optado por alimentar a la bestia, es decir por participar de su poder. ¿Pero nosotros? *¿De qué poder tenemos derecho a participar?* ¿De dónde nos vienen los sufragios mudos—los más severos, los que no perdonan—en cuyo nombre declaramos, hace veinte o treinta años, nuestro derecho a la palabra?

Crea en mi amistad, querido Castellet, y en mi agradecimiento. Perdone mi mal francés (y esta carta demasiado larga). Sepa que es con emoción, con un sentimiento mezclado de admiración y de temor, como dejo por segunda vez su tierra y el alboroto de las Ramblas que sube hasta mi ventana.

Suyo,

FRANCO FORTINI.

* A este respecto, dudo que el texto de G. Dorfles que cita usted siga siendo válido.

(Carta traducida del francés. Original manuscrito sobre papel de carta del Hotel Príncipe, de Barcelona. Archivo personal de J. M. Castellet.)

JOSÉ-MIGUEL ULLÁN Respuestas a dos entrevistas

—*Un poema de esta Antología* [Antología salvaje] *arremete con sarcasmo contra uno de los novísimos. Habida cuenta de que más de un crítico ha reprochado a Castellet tu exclusión de tal tendencia, ¿cuál es tu posición al respecto?*

—Considero inadecuado el reproche. Me parece perfectamente justa mi exclusión de esta ensalada a lo divino. Castellet, docto ignorante del reino, confundió esta vez la coqueluche con la menstruación. La antología, por lo demás, se asemeja a un montaje carpetovetónico de apoteosis revisteril donde algún poeta potable y otros varios muy mediocres han servido de coristas para que resaltase la figura egregia, bilingüe y emplumada de la Celia Gámez de la novísima poesía en castellano, alias Pedro Gimferrer.

(Ramón L. Chao, «José-Miguel Ullán: Escritor por legítima defensa», *Triunfo*, nº 439, 31.10.1970.)

—*Una vez esbozadas tus características personales, abordemos el contorno. Al aparecer la antología de José M.ª Castellet* Nueve novísimos, *la crítica resaltó tu ausencia como inexcusable. Tú acabas de declarar en una revista madrileña, con virulencia insólita, que esa exclusión es tan justa como envidiable. ¿Puedes matizar ahora esa declaración de independencia?*

—De entrada, debo decirte que comienza a cansarme desperdiciar tanta saliva en torno a un producto tan inexistente como la dichosa antología castelletiana. Además, es fácil colgarme el sambenito del resentimiento; la derecha sigue pensando que la idea de justicia reposa sobre la envidia. Pero tampoco quiero aguardar a la devaluación de ese producto de belleza para proclamar mi disidencia. El oportunismo no es mi manjar. Castellet no podría confesar otro tanto. Nunca he entendido que exista alguien con vocación de antólogo; es algo así como sentirse predestinado para sacristán o verdugo. Y Castellet muestra un deleite en su sagrado oficio, veleteando con habilidad a través de nuestro tiempo inmóvil. Sobre los vates convocados poco puedo añadir a lo ya dicho en otras partes. Junto a un corrosivo Vázquez Montalbán está la banal Moix o el dulce Gimferrer, coleccionista éste de todas las escorias del pasado; el cordobés Pablo García Baena—maestro inconfesado de Pere Gimferrer y excelente poeta—ha tenido un epígono que citando a Rimbaud, Hölderlin, Ezra Pound o Perse pretende asegurarse su gloria universal. En conjunto, quiere hacérsenos pasar por ebriedad lo que es zorrería y desgarbado cálculo. Lo alarmante reside en la acogida dispensada por cierta crítica, en el silencio cómplice de viejas glorias ante estos nuevos perros guardianes del orden establecido. Pero se comprende. En plena fiebre de poesía social, nadie quiso pasar por anacrónico y hasta los bardos más delicados cantaron la libertad, se mancharon (poéticamenrte, se entiende) con el sudor proletario, dijeron descender a la plaza... Para resisitir en esa heroica actitud hace falta una buena dosis de miedo; nada de eso faltó, pero es normal que surja el sano alivio al ver renacer una poesía providencial, esteticista y neodecadente a tono con los balbuceos precapitalistas de un país mentalmente medieval. Ahora bien, se engañará sólo quien quiera: la poesía o es heterodoxa o no es. Y bajo el nombre de vanguardia también puede esconderse todo lo más retrógrado de una época; la subpoesía mencionada es un producto fofo, que no conoce ni la erección ni las tormentas. Acudir a Rimbaud para justificarse no sólo denota mala fe, sino ignorancia y estupidez a toda vela. «En avant, route!»

(Jean-Michel Fossey, «La poesía heterodoxa de José Miguel Ullán», *Madrid*, 11.11.1970.)

JUAN ANTONIO MASOLIVER RÓDENAS Reseña

Con respecto a precedentes antologías, ésta de Castellet presenta la novedad de haber seleccionado a poetas en su mayoría no consagrados (como hiciera en parte la de Gerardo Diego) y que el antólogo sea un crítico y no un poeta. Con respecto al propio Castellet, la del interés y la cautela por evitar lo polémico, en primer lugar; y haberse interesado por poetas que han vuelto la espalda a la tradición de literatura social en la que Castellet se ha formado. Novedades más aparentes que reales. A lo largo del prólogo se advierte un tono de burla y aun, en ocasiones, cierta irritación por el rechazo de tendencias todavía válidas para el antólogo. ...

En efecto, hay un doble engaño por parte de los poetas en sus respectivas poéticas y el propio Castellet ha sido el primer engañado cuando piensa que es la primera promoción de poetas que se reconoce hija de la civilización de los *mass media*. El centro del error está en que ha olvidado una de las mayores influencias en estos encanecidos poetas «rebeldes»: la del surrealismo. Y la antología está plagada de homenajes a los surrealistas y para aumentar el carácter literario a escritores «malditos»; menos citada, pero tal vez más obvia, la influencia de Cortázar; la mayor parte de los poemas vienen encabezados con citas literarias y son frecuentes las alusiones a escritores: en cuanto a la civilización de los *mass media*, algo de esto se intentó ya en *Sobre los ángeles* y *Poeta en Nueva York*. ...

Este culto a la civilización de los *mass media* es pues puramente literario, cuando no prematura nostalgia de la infancia; y, en efecto, nos parece que el único poeta de la antología que ha sabido incorporar esta cultura a sus poemas es Montalbán y en un contexto mucho menos juguetón que en el resto de los poetas. Este es quizás el aspecto más lamentablemente provinciano del conjunto: un cultura de «posters» importados más que en una cultura que responda a su medio ambiente. El mediocre poema de la Moix muestra la máxima altura de la cultura «poster», sólo superado por el de Leopoldo M.ª Panero: al nivel de una tienda de Chelsea. ...

Como testimonio—deprimente o no—de nuestra poesía actual, la antología es válida, atrevida, única. Y un fiel reflejo de nuestras actitudes: el rechazo de los valores morales, sociales y políticos que nos lleva a la negación de todo valor. En este sentido los más novísimos son los más «coqueluches». Y, por suerte, los menos poetas.

(*La Vanguardia Española*, 12.11.1970.)

JOSÉ OLIVIO JIMÉNEZ *Nueva poesía española (1960-1970)*

Los «novísimos» de Castellet van resultando un escándalo. Y tal vez ha sido prematuro: el antólogo no ha intentado un balance de logros, ni siquiera se ha atrevido ahora a profetizar. Se ha limitado a algo así como a montar divertidamente una exposición juvenil de conjunto, a emitir un «esto hay». A algún observador inteligente le he escuchado afirmar cuán útil resulta mover, siquiera sea con algaradas de este tipo, una sociedad literaria con probada aptitud para la inercia como la española. De otros he oído decir que esta promoción ha nacido bajo un signo de suerte, por lo que trae de liquidación definitiva del largo tedio que impuso la mecanizada poesía social. Sin negar esto último, no creo, sin embargo, que deban olvidarse los sólidos pasos que ya, en ese camino, había dado la promoción anterior. Por ahora parece dominar excesivamente, en la más joven, el juego y el puro esteticismo. Y los instantes marcados por estos móviles (si refrescamos la memoria veremos que no son tan infrecuentes) son los que de común más pronto envejecen; con el anatema, en la mayoría de las veces, de sus propios actores. ¿Quién desconoce, por ejemplo, lo pronto que se hizo antiultraísta el archiultraísta Borges?

Pero se correría una injusticia cerrando este sumario panorama con los novísimos de Castellet. Otros poetas, igualmente jóvenes, no cortan de tan abrupta manera con los principios de la poética anterior, y a su vez avanzan notablemente en la escrupulosa vigilancia del estilo. Señalaría en esta línea a dos poetas de firme personalidad expresiva: Antonio Carvajal y Antonio Colinas. Si la muestra de Castellet pudo ser rebatible en cuanto a la selección, no se han hecho tardar posibles rectificaciones. Los dos recién citados, además de Gimferrer y Carnero, junto a otros cuatro (Marcos Ricardo Barnatán, Antonio López Luna, José Luis Jover y Jaime Siles) irán a reunirse en una nueva antología que parece tener ya preparada, según noticias periodísticas, Enrique Martín Pardo. Y aún quedarían poetas que, por sus edades o por sus temáticas y tonos, son algo difíciles de situar. Entre éstos, extraigo los dos de la *Antología de la nueva poesía española* de Batlló que hasta ahora no hemos tenido ocasión de recordar: Joaquín Marco y José-Miguel Ullán. Sé que muchos nombres se quedan. De todos, nombrados o no, sólo el tiempo dirá lo que habrá de permanecer. No se olvide que cerca de veinte años han hecho falta para admitir el casi naufragio que fue aquella *Antología consultada* de 1952, tan representativa, sin embargo, de aquella época.

(*Ínsula*, nº 288, noviembre 1970.)

Para todo crítico, el presente es un desafío y una hipótesis. Desafío a su gusto, a sus condiciones de catador, a su sensibilidad. Y le plantea siempre la necesidad previa de una hipótesis, si pretende que sus juicios o sus valoraciones del presente sean algo más que un juego de impresiones, una serie de opiniones a veces contradictorias, movidas por el resorte del temor, la audacia, el conservadurismo o el paternalismo. Si algo ha demostrado Castellet en sus juicios, en sus selecciones, es precisamente poseer esa hipótesis de trabajo, ese método que le permite, entonces, enfrentarse sin temores—y también sin alucinaciones—a lo contemporáneo, a lo más reciente, manteniendo por un lado la frescura de la selección y por otro el rigor de la teoría.

... Buena parte de los textos seleccionados son inéditos: Castellet los recogió, en su profesión de trotaversos, de las propias manos de los jóvenes poetas, y a su entender el conocimiento de ellos y de sus cosas ha sido altamente estimulante. Y aun cuando los balbuceos de estos «nuevos» no alcanzan siempre el nivel de calidad o de cristalización que se desearía, las «poéticas» donde encierran—a veces contradictoriamente—sus sentires y sus ideas son los estigmas inequívocos, las señales manifiestas de una cesura, de un cisma, de un rompimiento definitivos. Aires nuevos soplan y son reconfortantes, porque sacuden la pereza, la modorra convencional, la retórica y el rito de la poesía española.

... Los «novísimos» poetas españoles han establecido sus lazos más firmes, más tangibles, con esta cultura popular alienadora y alienada, en un intento nada despreciable por fisurarla, si se quiere, por destruir las distancias hasta ahora inseparables entre la verdadera cultura y la cultura de masas. De ahí que, deliberadamente, tomen de los mitos de la cultura popular, de sus formas y de sus figuras, los ingredientes con que armar la otra poesía, la tradicionalmente culta. Nadie tomará en cuenta sus afirmaciones, es cierto, cuando confiesan no haber leído más que a Corín Tellado y las canciones de Conchita Piquer, pero todos sabremos apreciar, en este intento de acercar lo culto a lo profano, la voluntad firme de tender un puente sobre el foso abierto. Esta agresión impertinente a lo «culto» como manifestación de una casta privilegiada (a la cual, de todas maneras, deben tender) es, sobre todo, un desafío a la propia cultura de masas, un asalto a sus dioses particulares, a sus mitos, para saquearles todo aquello que pueda ser utilizable. El resorte es muy eficaz: si la poesía culta ignoró con sempiterno desprecio la existencia naciente de una cultura de masas montada por los grandes capitales, se amuralló en su reducto y quedó relegada, estos marineros audaces la desafían desde los propios mares de la cultura de masas: en lugar de ignorar el éxito de *My Fair Lady*, de *Camelot* o de los programas de televisión, se los incorpora, los usa.

... De todo este ruido, queda la sensación de haber conmovido violentamente las bases de una sociedad que se siente muy segura, muy sólida, pero cuyos cimientos están siendo minados morosamente por la irreverencia y el desafío.

(*Marcha*, Montevideo, 4.12.1970.)

Revitalización en España

La primera reacción al hojear la antología del Sr. Castellet podría ser la de preguntarse si uno ha tropezado con alguna obra del movimiento Underground británico en traducción. Pero da la casualidad de que se trata de poemas originales de un grupo de jóvenes escritores españoles, nacidos entre 1939 y 1948. Con todo, tras leer los poemas junto a las poéticas de los autores, uno piensa que tal reacción, por más que equivocada, no hubiera estado muy lejos de dar en el clavo: cada uno de esos nueve poetas, a su manera, es muy consciente de haber crecido en una era de *mass media* y de protesta estudiantil, ambas cosas, desde luego, teñidas por las condiciones peculiares de la España de posguerra. Como muchos otros jóvenes escritores en otras latitudes, muestran un comprensible menosprecio por los estereotipos literarios y sociales y una notable indiferencia ante las pretensiones de la poesía social.

... Los nueve poetas exhiben una sensibilidad espléndida hacia los ritmos de la lengua hablada; ninguno tanto como Pedro Gimferrer, cuyos mejores poemas, como «Invocación en Ginebra» y «Oda a Venecia ante el mar de los teatros», poseen una seguridad y una riqueza de textura que hacen concebir grandes esperanzas sobre el futuro de su autor. En la presente muestra, ninguno de los otros poetas es tan maduro como éste, y cualquier juicio sobre su obra está condenado a ser provisional. Sin embargo, no se puede menos que agradecer al Sr. Castellet el habernos ofrecido un anticipo bien ordenado de lo que promete ser uno de los más interesantes y genuinos desarrollos en la poesía española reciente.

(Traducción de una reseña anónima. *Times Literary Supplement*, Londres, 18.12.1970.)

GASPAR GÓMEZ DE LA SERNA *Los* Nueve novísimos, *de J. M. Castellet, y algunos problemas del oficio*

Nueve novísimos aparece precedida de un interesantísimo ensayo en el que Castellet analiza la estructura mental y cultural de esa generación mediante un estudio sociológico y literario que, con no ser extenso, es a mi juicio tema más importante que la antología misma. ... Dos problemas importantes plantea—y se plantea Castellet—esa poesía rompiente: en primer lugar, averiguar en qué consiste de verdad la ruptura radical que preconiza, y en segundo término, saber desde qué supuestos culturales pretende llevarla a cabo.

... no estamos ante un movimiento literario que simplemente desemboque, como concluye Castellet, en una «despreocupación de las formas tradicionales», aunque fuera—lo que sería legítimo, pero poco innovador—volviendo a traer las ya más que vistas técnicas vanguardistas de escritura automática, *collage* y otros artificios de arte *deshumanizado* de entreguerras. Sino que nos topamos con un fenómeno de potencial incapacitación para el oficio de la literatura y, por tanto, para la creación poética, si es que de verdad, tal como se pregona, la posición cultural desde la que la pretendida *ruptura* se intenta posee efectivamente el carácter *antiliterario* que sería consecuencia inexorable de su estructura básicamente *antiintelectual, inculta* en el sentido más ceñido del vocablo.

Pues semejante estructura *cultural* de arranque está, al parecer, formada por la llamada «educación posgutenbergiana», preconizada entre otros por McLuhan, que «rompe la tradición de la palabra escrita» y «elimina la literatura de la formación cultural de un escritor». Que es como eliminar el hierro del oficio del herrero. Por contra, esa formación se nutre de otro material no precisamente noble, que se caracteriza, justamente, por su sustancia antiintelectual, su virtualidad masificadora, inhábil y contraindicada para las faenas de la libre elaboración individual del pensamiento, del discurso propio, del análisis y la selección personal, del lenguaje creador, de la introspección en la sensibilidad, en la consciencia razonante y en la subconsciencia libérrima de la persona. Pues se trata, llanamente, de un material *educativo* compuesto de *spots* publicitarios de radio y televisión, música enajenante, cine de evasión, seriales de *Tebeo* y sexo a discreción; en suma, de una formación que sustituye la historia del espíritu y la potencia creadora del pensamiento personal por los moldes de la publicidad masiva, sometiendo la libertad de la mente humana a la servidumbre de esos efímeros y deleznables seudomitos creados por los *mass media*, todos con la impronta de un penoso horterismo intelectual, cuyo objetivo máximo, como suprema propuesta al espíritu del hombre, no es sino el de colocarle, como dice gráficamente Castellet, en un «mero nivel de cultura futbolística». ...

Y lo triste, si fuera verdad, no es que una buena mañana haya dejado de interesar a estos *novísimos* toda la poesía española, desde las jarchas mozárabes hasta Blas de Otero, para volver los deslumbrados ojos a la escrita en otras lenguas; lo triste es que, acaso sin quererlo, estos poetas de la *ruptura* se hacen agentes de la *cocacolonización*, que lo que trata es de romper efectivamente el sentido de la cultura del espíritu como proceso de la libertad profunda del hombre; pero romperlo para sustituirlo por una forma instrumental de dominación de masas, de embrutecimiento intelectual al servicio de los intereses económicos de un nuevo imperialismo.

(*Arriba*, 10.01.1971.)

FÉLIX GRANDE *Poetas novísimos, vieja confusión*

Un fantasma recorre la poesía española. Para unos, el fantasma es un libro: *Nueve novísimos.* Para otros, el fantasma es el cerco de desprecio o de ira que ese mismo libro solivianta en muchos de sus abundantes lectores. José María Castellet, que un día fuera apostrofado o discutido—pero también hiperensalzado—por su famosa antología programática *Veinte años de poesía española*, hoy es apostrofado o discutido desde un campo mental distinto por haber prologado y ordenado—no faltaría quien dijera «perpetrado»—la antología que ya ha hecho correr más tinta de la que tal vez pretendió provocar, o acaso de la que merece. ...

Una lectura no crispada del prólogo de Castellet muestra que no ha pretendido con ese libro ni inventar—tampoco descubrir—una nueva actitud estética *general* en la poesía de nuestro momento, ni negar que, fuera de las coordenadas de esos textos, existan—y existen—otras actitudes, tan viables y actuales como aquellas. Muestra también que ni siquiera entre sí esos nueve hombres constituyen, en rigor, un grupo generacional. Pocas veces Castellet ha escrito un texto teórico tan abierto, tan antidogmático; diría incluso: tan divertido. Creo que los desafueros neurovegetativos ante ese libro están apoyados, de una parte, en que hay quienes, irritados por anteriores actitudes dogmáticas de Castellet, son ya o por el momento incapaces de asumir un Castellet que escribe repentinamente con humor e incluso con cierta humildad; y de otra parte, en que no faltan quienes consideran este nuevo humor de Castellet simple y expeditivamente una traición. El libro, e incluso y quizá sobre todo el prólogo, aherrojados así por esos dos preconceptos aproximadamente lamentables, me atrevería a sospechar que muy rara vez es leído con serenidad.

... Los nueve «novísimos» no son un grupo generacional. Ni cronológica ni ideológicamente son homogéneos. El benjamín, Leopoldo María Panero, tiene veintidós años. Vázquez Montalbán, treinta y uno. Los supuestos estéticos, sociológicos, mitológicos de cada uno de ellos son, reunidos, un muestrario abrumador de la diversidad más excelsa. ...

... Buena parte de estos nueve poetas ni siquiera son semejantes a sí mismos. Y digo esto sin alegría y sin sofocación. Sencillamente, muchos de ellos están comenzando a escribir—sin menoscabo de que muchos grandes artistas están perpetuamente comenzando—. Cualquiera de ellos, es inevitable, ampliará su tejido vital, su volumen de lecturas, su capacidad de investigación, su capacidad de respuesta, su densidad expresiva. ...

... Entre otras virtudes, acaso de menor interés, en la mayor parte de las páginas de este libro puede y debe advertirse la existencia de un conflicto—y es un conflicto verdaderamente dinámico, impulsor—: el de artista con su propio idioma. O dicho de otro modo: la siempre conflictiva correspondencia del arte con su propio lenguaje; es decir, con su propia expresión; es decir: con su propia operatividad. Pienso que no estamos tan sobrados de riqueza semántica, mitológica, expresiva, como para permitirnos excomulgar sin vacilaciones a unos poetas para quienes el habla—siempre tan amenazada de momificación cuando se la usa como a un hecho inerte—es fundamental. ...

Decretar, como no falta quien lo hace, y apoyándose en una des-realidad programática de los «novísimos», creo que muy vertiginosamente desenmascarada, que la actual poesía española se ha vuelto deshuesada y reaccionaria, me parece, dicho sea con un eufemismo, una majadería. Como esa majadería se apoya hoy tan frecuentemente en los «novísimos» para manifestarse, manipulando previamente y con cierta mala fe ese volumen y desdeñando la evidencia de que la actual poesía española no acaba en ese libro, me he creído autorizado a extenderme sobre él, tomándolo como fenómeno de discordia, para proponer, finalmente, la conclusión de que, por el contrario, la poesía actual ni tiene una salud muy amenazada ni ha degollado a sus viejos y emocionantes compromisos.

(*Imagen*, Caracas, nº 90, 1-15.02.1971.)

APÉNDICE SENTIMENTAL

HABLAN LOS NOVÍSIMOS

Diciembre de 2006: El «Mestre» cumple 80 años

EL MESTRE

por

MANUEL VÁZQUEZ MONTALBÁN

Si Castellet no hubiera existido habría que inventarlo en una novela a medio camino entre Henry James y el James Joyce de *Dubliners.* Nacido para la curiosidad, la síntesis, la ética y la estética de la fidelidad y de la infidelidad, José M. Castellet demostró de qué era capaz en los años cincuenta cuando publicó *La hora del lector* y poco tiempo después cuando posó para una foto generacional en la que actuaba, por ser el más alto, de «pal de paller» de José Agustín Goytisolo, Carlos Barral y Jaime Gil de Biedma. Su libro fue la Biblia en prosa para los jóvenes letraheridos de mi promoción y de la anterior que había crecido sin biblias decentes que llevarse al alma. De una tacada, Castellet nos ponía al día de las vanguardias literarias imperantes, desde el *behaviorismo* para el que utilizaba el ejemplo de Dashiel Hammett hasta *le nouveau roman,* pasando por la crítica sociologista a lo Goldmann, condicionada por la terrible pregunta sartriana *¿Para qué sirve la literatura?* Sin esta propuesta castelletiana serían inexplicables las búsquedas del nuevo realismo español entre los cincuenta y los sesenta y su más alto logro, las novelas de García Hortelano. Teoría y práctica, Castellet formó parte del más fabuloso equipo de cerebros que jamás tuvo editorial española alguna y junto a Joan y Gabriel Ferrater, Joan Petit (un sabio olvidado en este planeta de los simios), Jaime Salinas, José Agustín Goytisolo, Joaquín Marco, Caridad Martínez, Salvador Clotas... contribuyó a crear la política editorial de Seix Barral, en la etapa de feliz colaboración entre Carlos Barral y Víctor Seix. Más práctica sin dejar la teoría: codificó la poesía castellana que le fue contemporánea y más tarde la descodificó pasándose de la poesía social-musculada a la poesía adolescentemente novísima, incluida una reconciliación con el simbolismo. Mientras tanto, en el camino de Damasco, se le aparecieron la Moreneta y Oriol Bohigas y le recordaron sus raíces catalanas, por lo que juró dedicar los más feroces años de su vida a la recuperación, normalización y hegemonía de la lengua catalana. Ahí está su trabajo como director literario de la 62, sus espléndidos trabajos sobre Pla, la antología de poesía catalana que hizo mano a mano con Joaquim Molas, sus memorias, que junto a las de Barral, Gil de Biedma, Juan Goytisolo y Bohigas demuestran el mérito que tuvieron nuestros inmediatos mayores recuperando la razón, las razones—incluida la democrática y la literaria—en tiempos tan miserables como los del franquismo, aquellos tiempos en que a toda España, Cataluña incluida, le olían los pies.

Los que escribíamos en castellano en Barcelona a comienzos de los sesenta queríamos que Castellet nos pasara la mano por la cabeza y Barral consumara la operación publicándonos. Cuando «el mestre», como siempre le he llamado, se pasó a la literatura catalana, nos dejó huérfanos, considerados por algunos destacados aborígenes como un ejército de ocupación lingüística y por los mandarines de la capital del Estado como unos periféricos de periférico escribir, sospechosos de ser del Barça y escasamente partidarios de la recuperación del Peñón de Gibraltar. Además, el vacío de Castellet como *magister* del gusto literario de las Españas nunca fue ni del todo ni bien ocupado en aquellos terribles años setenta en los que o escondías el sujeto hasta hacerlo desaparecer y tardabas treinta páginas en abrir una ventana, o no eras nadie.

La noche en que Castellet nos confirmó quiénes éramos los «nueve novísimos» de la poesía castellana, yo tuve ocasión de conocer a casi todos mis compañeros de fechoría, con la excepción de Gimferrer, que ya era un conocimiento, dentro de lo que cabe en el personaje, y de Ana María Moix, a la que me había atrevido a prologarle su primer libro de poemas, enternecido porque me pareció una frágil muchacha vestida con una cortina de interior de la calle Joaquín Costa. El «mestre» estuvo encantador pero ya dejó claro que su sombra no iba a protegernos toda la vida y cuando bajábamos la escalera de su casa, Azúa me comentó muy azúamente: «Antes de que amanezca nos negará tres veces y nos dejará por otros: es un infiel». Y así lo proclamaba el propio Castellet, defendiéndome meses después la ética de la infidelidad en una entrevista que le publiqué en *Triunfo.* Lo cierto es que quince años más tarde me prologaría mi primer intento de poesía completa, tal vez el respaldo intelectual que más ilusión me ha hecho.

Infiel o fiel, pero en los últimos años siempre mayestáticamente melancólico, el Castellet de hoy día sigue siendo una larga sombra de mi mejor memoria, como si aún estuviera en aquella fotografía promocional que yo conservo en una revista italiana de los años sesenta en la que se hablaba de la cultura resistente antifranquista. Él era el alto, José Agustín el chulo, Jaime Gil el irónico y Carlos Barral un capitán Ahad anfitrión, puesto que la foto está hecha, creo, en aquella espléndida editorial Seix Barral de la calle Provenza, otro de los referentes perdidos para siempre de los paisajes de la cultura resistente en su sentido más universal y perenne. A Castellet se le han muerto habitantes fundamentales y coetáneos de su planeta intelectual: Gabriel Ferrater, Costafreda, Sacristán, Carlos Barral, Jaime Gil de Biedma y le veo algo cansado de darse el pésame a sí mismo. Pero seguro que prepara algo importante sobre sí mismo como excepción de crítico con estatura de héroe literario o sobre literatura catalana, desde su condición ya irreversiblemente conversa. A los *xarnegos* que nos parta un rayo.

MEMORIA SABIDA O A RÁFAGAS

por

ANTONIO MARTÍNEZ SARRIÓN

Hasta mediados de los sesenta del pasado siglo y si descontamos la influencia de los clásicos de la antigüedad y la italiana en Garcilaso, fueron las letras francesas quienes abonaron el pensamiento y la literatura española. A partir del 65, pongamos, y por causas muy variadas, el modelo francés cedió el terreno a las letras anglosajonas que, con anterioridad, apenas habían encontrado más valedores que Pérez de Ayala o Manuel Azaña, este traduciendo y prologando *La Biblia en España* de George Borrow, un libro precioso por cierto. El desembarco de lo anglo tuvo lugar en varias playas y por autores de variado diseño y edad. En el plano de la escritura y entre los mayores, fue capital la recepción de Borges que, con una amenidad única, nos dijo cómo había que leer a Sir Thomas Browne, a De Quincey, Henry James, a Chesterton o a Kipling. Luego vino Juan Benet, que en su escritura no vio la necesidad de justificar huellas muy profundas de Faulkner, al cual releímos a su través, como al de Onetti. Entre los escritores en agraz, sin duda fue Terenci Moix quien nos contó, en clave inédita y divertida, no el *best seller* anglosajón, entonces como ahora indefendible, sino sus orgásmicos tránsitos por el cine americano clásico, sin hacer ascos, todo lo contrario, a lo que en él había de más espectacular y de cartón-piedra. Tuvo que acudir al quite Vázquez Montalbán, con mayor musculatura teórica y política para, reivindicando lo mejor de la «serie negra» y rehaciéndola a la hispana, argumentar sin fisuras sobre la penetración, desde los pactos España-USA del 53 hasta, medio siglo después, la inefable «foto de las Azores», de modelos poéticos y retóricos que eran, asimismo, muy interesadamente ideológicos. La televisión y la mercadotecnia hicieron el resto y de todo aquel zurriburri, jaleado por una sociedad, la española, que fue de consumo en tiempo récord, aún estamos viviendo, si esto es vivir.

Sin duda fue un precio que no tuvo que pagar en el pasado, y sin salir del siglo, una cultura más exigente y, eso sí, para las exiguas minorías de Ortega, que se pasó la vida alertando de la rebelión de las masas cuando la rebelión salió de los cuarteles. La reacción de uno, y voy a hablar de mí porque, como decía Unamuno, soy la persona que tengo más a mano, se solidificó e hizo callo, a partir de los ochenta, mediando ayuda de la «revolución conservadora». A partir de los noventa y hasta hoy, la pesadilla no sólo se muerde la cola sino que constituye plato único: no hay más que ver lo que se ofrece ahora mismo en las mesas de los libreros, lo que se vomita por televisión, cuanto publican, salvo rara excepción, diarios y revistas. Todo esto, para decir que llevo más de un cuarto de siglo aborreciendo la foto en que Bogart renuncia a Bergman, o al revés, entre la niebla de un aeropuerto que quiere ser Casablanca. Como abominé sucesivamente de las Sagradas Cenas en los comedores de la clase media y de las reproducciones del *Guernica* en las leoneras de la progresía de los sesenta.

Queda la poesía: aquí, la entrada anglosajona fue cuidadosamente planeada a fines de los cincuenta por Gabriel Ferrater y Gil de Biedma, que decidieron destituir a Antonio Machado como inspirador de la poesía comunista, eufemísticamente llamada comprometida, a la poesía surrealizante y a la poesía visionaria. En esta última colocaban con razón a un poeta de Zamora, Claudio Rodríguez, al que aparentaban despreciar por rústico y al que, como eran todo menos tontos, temían como a un nublado, porque los triplicaba en inspiración y poderío. De ahí la poesía que, muy cucamente, se recetaron y recetaron (y que Ferrater, con buen tino, nunca practicó):

tan seca y ajustada como una «carta comercial». Se siguió la entronización de Cernuda, en la vacía hornacina de Machado y la reiterada defensa de John Locke y, en su secuela, de todo el empirismo y el pragmatismo anglosajones, que a Carlos Barral, como difuso hegeliano, y al menos en materia de artes, tanto le repateaba.

Esta modesta nota no es más que una vaga rememoración de lo que pasaba cuando éramos jóvenes. Es para todo el que, joven o maduro, la esté leyendo y, muy particularmente, para que entretenga un rato, en su octogésimo (y juncal) aniversario, a J. M. Castellet, que estuvo en el palco proscenio de toda aquella movida y que, según las noticias, ahora anda o anduvo releyendo a Flaubert, a Pla y a Cioran. Con este último sujeto, no se debe confundir: en la juventud de su generación, lo tuvieron por un reaccionario. Siempre lo fue pero eso, más que grave, puede ser muy estimulante. Lo peor es que el rumano es autor sólo para adolescentes de ambos sexos con acné. De forma que, admirado y querido *mestre*, quítate de él, *si us plau!*

CARTA PARA CASTELLET

por

JOSÉ MARÍA ÁLVAREZ

Estimado Castellet,

aquí tienes otra vez a tus Novísimos. Se ve que esto de las antologías sobrevive hasta al veneno de las comadrejas de Plinio. Supongo que estarás dichoso del invento.

Si veinte años no es nada, como canta el tango, o son «eso» que hace ya de casi todo, como advertía Gil de Biedma... qué decir de treinta y tantos. Los rostros jóvenes de los Novísimos de ayer y las almas de algunos son ya «carnemomia», y las postrimerías, en todos los sentidos, ocupan orgullosas su puesto de mando.

Pero aquí está de nuevo la crestomanía.

Recuerdo aquella España sórdida de finales de los sesenta donde «nacimos». Aunque varios ya gorjeábamos: Gimferrer, por ejemplo, tenía escritos dos o tres de sus mejores poemas (sin duda, los suyos, eran la guinda del conjunto), Vázquez Montalbán era muy conocido sobre todo por su *Crónica sentimental*, y Azúa—aunque su obra verdaderamente importante vendría después—ya con *Antes morir que pecar* demostraba que era un poeta al que tomar en consideración. Yo estaba mucho por Barcelona en esos tiempos, aunque mis amistades no eran «novísimas», sino Espriu, Gil de Biedma, Márquez, Vidal-Quadras y sobre todo Alberto Viertel; y sin duda prefería (con Viertel) ambientes menos literarios. Ya sabes, estimado José María, que siempre he sentido cierta repugnancia por el mundillo intelectual español.

Mira que se ha escrito—y la mayoría de las ocasiones, sandeces—sobre esta Antología que se te ocurrió, o se os ocurrió. Pero poco importa si el libro, como Borges escribía de Cadmon, debe su fama a razones ajenas al goce estético. Nos convocaste, nos pedías lo innovador que tuviésemos, y acudimos con la sangre caliente de la juventud. Debo confesarte que ni aún entonces y con el calor de esa sangre, logré entender qué pintaban en el libro algunos nombres cuya vinculación con la Poesía era muy moderada (como la vida no ha hecho sino confirmar) y sin embargo faltaran en sus páginas otros—Luis Antonio de Villena, Juan Luis Panero—que tanto hubieran mejorado el conjunto; eso sin hablar de Marcos Ricardo Barnatán. Pero, en fin… Aunque di maraviglia, credo, mi dipinsi, como dice Dante, conjeturo que entregaste en manos de qué dioses quiénes debían ser olvidados y quiénes no. Ahora, en algo acertaste absolutamente: desoír las rogativas del pesadísimo Ullán.

Yo creo que había cinco poetas en aquella Antología: Gimferrer, Azúa, Panero, algún otro… y tú, estimado Castellet, porque imaginar la Estética que elaboraste con el material tan diverso que te habíamos proporcionado, eso tiene más bemoles que la *Pseudodoxia epidémica* de Browne.

Y nada más. En tanto nos vemos y pueda darte un abrazo, cuídate,

JOSÉ MARÍA.

EL MEJOR JEFE DE MARKETING QUE HE TENIDO

por

FÉLIX DE AZÚA

En aquel tiempo los poetas eran poco menos que ornitorrincos, pero ya se les había inoculado el virus de la revolución proletaria, el materialismo dialéctico, la justicia social y el libro rojo del camarada Mao, cuyo peluquero hablaba maravillas del efecto que podía tener en cualquier aplicación artesanal. «Nunca he cortado mejor el pelo como tras la lectura del libro rojo del Gran Timonel», decía tijeras en mano. De manera que incluso unos posmodernos-sin-saberlo, como el grupo llamado «novísimos», dimos por bueno que nos presentara en público como una unidad coherente y teorizable alguien tan políticamente correcto como Josep Maria Castellet.

Lo tenía todo. Era con toda seguridad un encarnizado enemigo del Régimen, gozaba de relaciones privilegiadas con los comunistas (la única gente, si descontamos a los curas, que imponía su autoridad entre la clase media), pertenecía al grupo intelectual o intelectivo de Carlos Barral, y encima le caía bien a Manolo Vázquez Montalbán. Si a eso se le añade que era una persona bien educada, cordial y muy lista, se comprenderá que no podía pedírsele más a un antólogo y que todos corriéramos a formar en fila india alisándonos el tupé con saliva.

Olvido decir que Castellet entonces participaba, como ahora, del meritorio hecho de ser catalán, algo que no está al alcance de todo el mundo, y que por lo tanto le admiraba media España en tanto que único producto europeo de la península ibérica. Durante muchos años y aunque ahora parezca increíble, buena parte de la población mantenía una indisimulada simpatía por los catalanes, a quienes se tenía por humanos más desarrollados que el resto de los españoles, con un mayor protagonismo en la cadena evolutiva, por así decirlo. Castellet, para acabarlo de arreglar, sabía francés.

Que nadie creyera ya en el poder agónico y apofántico de la Poesía y que se hubiera impuesto, como sustitución, la creencia en los Movimientos Literarios, es muy de la época. En aquel tiempo la Poesía carecía de justificación (Auschwitz etcétera), no como ahora, que ya no hace falta justificarla porque no existe. En cambio, los Movimientos Literarios eran muy buscados en tanto que espejos sociales de la infraestructura, indicios del fin del capitalismo y objetos de valor editorial aceptable.

Los italianos tenían su Movimiento; los franceses, como siempre, contaban con media docena. Los ingleses no tenían ni uno, pero eso era considerado otro delicioso rasgo de aislamiento británico, como conducir por en medio de la acera o contar el dinero en base doce. Incluso los alemanes tenían su Movimiento, aunque pronto se vio que pertenecía al siglo XIX. Era por tanto impensable que los españoles no lo tuvieran.

Y ahí es donde intervino Castellet, el ala aceptable de la extrema izquierda con cuenta corriente, y bajo su suave comando nos expusimos al público en equipo y sonriendo, como ahora suelen hacer los locutores que ganan un premio o los escritores a los que el estado paga un viaje a México.

Dábamos una imagen muy convincente de capitalismo en su etapa terminal, absolutamente contraria a la imagen berroqueña y cejijunta de los realistas-socialistas que eran el reflejo de la infraestructura del capitalismo en su etapa imperial, una horterada. Puede parecer una obsesión por el detalle, pero estos matices eran entonces la sal de la vida. Si uno practicaba el estalinismo, lo más probable es que tuviera sólo estudios de bachillerato, a todo tirar. Los gramscianos, los maoistas, los althusserianos, eran todos universitarios y veraneaban con la familia. Los más elegantes eran los de Bandera

Negra, como Leopoldo, frutos terminales de un linaje ilustre que había comenzado con Jovellanos.

Atacados por los cejijuntos estalinistas, casi todos funcionarios del estado, y por las gráciles péñolas del lirismo residual falangista, nuestro producto se impuso sin apenas resistencia. Al poco, aparecieron varias imitaciones muy bien hechas, incluso mejores que el original, lo que confirmó el éxito de la operación.

Todo lo cual se lo debemos a Josep Maria Castellet, cuya salud conserve Dios muchos años y a quien todavía me dirijo, siempre que tengo el placer de encontrarlo en ocasión de algún fallecimiento, con el cariñoso y sin embargo verdadero apelativo de «mestre».

«Ei, mestre!». Una exclamación que espero repetir con la aparición de este libro de homenaje.

TRASLUZ

por

PERE GIMFERRER

En 1970, cuando Castellet dio a conocer su libro, yo era un joven poeta en castellano camino de ser un joven poeta en catalán; unos meses atrás, Castellet nos había reunido, en su domicilio de entonces, en la calle Roger de Flor, a muchos (¿a todos?) de los poetas antologados, para darnos lectura del prólogo y obtener no sólo nuestro beneplácito a él, sino también a la selección definitiva de poemas; a esta lectura había asistido la que por entonces (1969) era mi novia, Cuca de Cominges, con la que acabo de casarme en marzo del 2006, al tiempo que vuelvo a ser un poeta—no sé si joven—en castellano, y tengo no pocos libros de poesía, y cierto número de poemas recientes, en catalán. Ya lo dijo Gabriel Ferrater: «La vida / regredeix sempre», y yo lo traduje por «La vida / siempre es un ciclo». En tantos años y azares, Castellet ha permanecido: lo encontramos por última vez Cuca y yo en el cine, viendo una película de Claude Chabrol. Nada sustancial en él ha variado: pocos amigos hay tan fieles y seguros, pocos lectores tan atentos y cordiales. Verdaderamente, la suya es «la hora del lector», y crea a quienes lee. Como en el verso de Jorge Guillén: «Soy su leyenda. ¡Salve!».

ENTREVISTAS EN TRANSILVANIA

por

VICENTE MOLINA FOIX

La primera vez que vi a Josep Maria Castellet no me pareció tan vampiro. Estoy hablando del año 1969, cuando el vampirismo tenía otro porte, otra prensa, olvidada la figura clásica del siniestro Drácula de Bela Lugosi, con sus espesas cejas y su mirada atrabiliaria, y aún por venir la avalancha de chupadores de sangre a borbotones asociados al *gore* contemporáneo. En 1969, la imagen establecida del Príncipe de las Tinieblas era, gracias a las populares películas de la casa Hammer, la de un Christopher Lee alto y esbelto, tan elegante como guapo, más penetrante de ojos que de colmillos y provisto de una embriagadora voz de excelente prosodia inglesa. Algo así como un Castellet de Oxford.

Ese primer encuentro ocurrió en el espacioso ático madrileño de Jaime Salinas, desde cuya terraza era (y es) posible ver las casas de todo el Madrid de los Austrias, captando, si se aguzaba un poco la vista, lo que debajo de cada techo sucedía, al modo de cómo lo hacía *El diablo cojuelo*, *voyeur* de Vélez de Guevara. Entre la fama de seductor draculíneo de Castellet y el ascenso a aquella altura tan dominante, los convocados a la entrevista, Leopoldo María Panero y yo, íbamos muertos de miedo. Nada más entrar al piso lo perdimos, ganados por la simpatía educadísima del anfitrión y la humareda del cigarrillo de Castellet, que lejos de ser mefítica parecía exóticamente perfumada. Por supuesto que nos dejamos hincar el diente en los manuscritos, pues el motivo de la reunión era pasar el *casting* para los *Nueve novísimos*, que aún no se llamaba así ni tenía a los nueve poetas reclutados. A Leopoldo María y a mí nos desconcertó que el padre del realismo social poético fumara en una larga boquilla.

Castellet se entrevistó con otros jóvenes poetas, supongo que con el mismo grado de abducción vampírica, y acabó por completar el número de los antologados, saliendo el libro, como es sabido, en abril de 1970, con una ruidosa recepción *mixta* parcialmente recogida en apéndice en este libro, en la que destacan las descalificaciones sumarias de algunos convertidos años después en turiferarios, y el veneno de Ullán. Otra sangre.

Casi treinta años después de aquella primera velada madrileña le solicité al Maestro, a quien había entretanto visto de vez en cuando y gozado en el humor y la inteligencia, una entrevista formal para una serie de retratos que yo estaba publicando semanalmente en *El País* y que—agrupados y aumentados—salieron en 1997 en libro con el título de *La edad de oro.* En esa entrevista de 1996, mantenida en su despacho de la 62, pude apreciar que el tiempo no había limado la agudeza bucal de Castellet, aunque ahora sus colmillos se clavaban en nuevas carnes: el cerril nacionalismo catalán, los intelectuales pazguatos de Madrid. También los años le habían hecho más humilde de lo que decía su leyenda, como comprobé al preguntarle si no era estridente que el crítico que había encabezado en 1960 su famosa y controvertida antología *Veinte años de poesía española* con la cita: «La poesía es el producto orgánico de toda una sociedad violentamente en movimiento», se hubiera venido a fijar sólo diez años después en «nosotros», unos novísimos adolescentes que perjuraban de Neruda y Blas de Otero y de los Machado sólo rendían culto a Manuel. Castellet respondió a ésa y otras preguntas similares con el reconocimiento de sus pasados sectarismos o ignorancias, hablando de una fructífera travesía del desierto y con esta frase referida a sus herencias dogmáticas: «Me zafo de ese lastre gracias a vosotros». Por supuesto que los Novísimos no salvamos a Castellet de las tinieblas; a lo sumo nos metimos en la selva oscura de su mano.

Otra modestia cultivada por él, con el grado de coquetería que es de rigor en los grandes hipnotizadores de la cultura, es la de su rol ancilar. Componente de una generación literaria en la que estaban, como compañeros de diversos viajes y amigos íntimos, gente del calibre de Gabriel Ferrater, Carlos Barral, Jaime Gil de Biedma o Juan García Hortelano, Castellet ha solido reclamar para sí mismo la mera función del observador distante o testigo privilegiado o, en palabras de típica ironía *castelletiana*, «el *caganer* de los belenes, ese tipo que está al fondo del pesebre cagando y viendo el nacimiento. Sé que nunca he tenido el carácter agresivo y arrollador de Jaime Gil o Gabriel Ferrater o del Juan Benet de Madrid, pero siendo superviviente de todos ellos me he convertido en un descreído hipercrítico. Y siempre con una cosa muy clara: yo me he hecho con los demás». También se ha jactado de una áurea pereza o improductividad comparativa, como al decirme a mí aquella tarde en su despacho barcelonés que «con los *Novísimos* me quito el marchamo socialero de una vez, y me quedo tan contento que casi no he hecho nada más desde entonces».

No voy a caer en la obviedad de enumerar los libros escritos por Josep Maria, al margen claro está de aquellos publicados bajo su *imperio* y criterio editorial en los últimos treinta años. En 1969, no recuerdo si poco antes o poco después de la cena de consanguinidad novísima en Madrid, todos habíamos devorado su excelente *Lectura de Marcuse*, que yo diría que al tiempo que puso a mi generación al día filosófico le dio al propio Castellet el impulso liberatorio de sus obras posteriores. Le he leído después sobre Espriu y sobre Pla, convencido de que sólo alguien tan atrevido como él podía ocuparse sin antagonía ni contradicción de estos dos grandes escritores. Y me fascinó la lúcida candidez de su ensayo autobiográfico *Los escenarios de la memoria*. Es en ese libro en particular donde yo veo a Castellet reflejado en el espejo del siglo XX como alguien que lo ha cruzado extrayendo su savia intelectual para inocularla a otros. Aún sigue haciéndolo en el XXI. Larga vida al vampiro.

UN IRRESISTIBLE PODER DE EVOCACIÓN

por

GUILLERMO CARNERO

Para mí José María Castellet tiene un irresistible poder de evocación y de retorno al tiempo perdido. Me transporta a mis años de juventud y egolatría, a la Barcelona de la década de los sesenta, a las conversaciones sobre literatura inglesa con Jaime Gil de Biedma y Carlos Barral, a las noches en la discoteca Bocaccio, a los tés y pasteles en el Salón Rosa, el Kursaal, Términus, El Oro del Rhin y El Velódromo. Los griegos—lo diré en griego para mayor claridad—llamaban «epónimo» al héroe que daba nombre a un pueblo o una época, y al magistrado—arconte—que lo daba al año en que ejercía su cargo. Si hubiéramos de proceder como ellos, en nuestros anales literarios sería Castellet el indiscutible epónimo del lustro que va de 1965 a 1970. Era una de las primeras mentes de la célula de pensamiento más profundo e independiente de la generación del 50, la llamada «escuela de Barcelona». Detectó que soplaban nuevos vientos en el mundo literario, los admitió, los identificó e hizo un notable esfuerzo al lanzarlos al ruedo. Notable porque ello le suponía el abandono de planteamientos anteriores radicalmente opuestos, antes defendidos con idéntico entusiasmo, entonces desechados paladinamente por quien hacía evidentemente suyo el aforismo de quien reconoció tener ideas, de tal modo que las ideas no lo tuvieran a él. Quiso poner de manifiesto el nuevo signo del presente y del futuro apostando por una nómina arriesgada en su carácter emergente y heterogéneo, moldeable y forzosamente parcial. Nos hizo así ocupar, acaso prematuramente para algunos, un espacio generacional que el paso de pocos años iba a revelar en su verdadera extensión. La vanidad de unos y el afán de protagonismo de otros, de entre los más o menos afines, se sintieron entonces heridos, y han seguido estándolo a lo largo de décadas. Por otra parte, el maniqueísmo de quienes se sintieron a su vez amenazados añadió leña al fuego, y así éste se convirtió en cruzado desde ambos lados de la trinchera. No se ha extinguido nunca; el resentimiento se mantiene en unos, ha sido delegado por otros en sus émulos más jóvenes. Y en el interior del grupo no han faltado las tensiones, las zancadillas y los ajustes de cuentas; han convivido la camaradería intensa y profunda, más poderosa que el tiempo, con la indiferencia o el enfrentamiento. Unos han mantenido encendida la llama de la amistad mientras otros la han dejado apagarse por negligencia, o la han ahogado contra el suelo como en los rituales de excomunión.

Diciéndolo de un modo menos clásico, Castellet era el Mago de Oz que convirtió aquella Barcelona en un prodigio. Y no el único: Pedro Gimferrer era nuestro Peter Pan, y Ana María Moix el Hada Campanilla. Entre los tres aportaban los puntos de apoyo que sustentan el territorio de los sueños, y juntos son para mí una referencia que asegura la continuidad del mundo y el momento en los que nací a la sensibilidad y la escritura. Como cierta bombonería y cierta sastrería lo son de mi iniciación al chocolate y a las telas y corbatas inglesas; ambas en esa Rambla de Cataluña que—unida intermitentemente al Paseo de Gracia—es mi versión preferida, por la extensión cómoda y no napoleónica, de los Campos Elíseos.

Desde la altura de sus ochenta años, poco habrá de importarle a José María el que, como pastorcillos en Belén, nos acerquemos a él portando muy diversos dones, ricos los unos, humildes y rústicos los otros: todos los acogerá, al verlos apoyados contra su pedestal, con su sonrisa de Niño Jesús de Praga, ausente y enajenado de puro milagroso. En un fracaso hemos de coincidir todos: ser sólo ocho, porque la muerte nos arrebató prematuramente a Manolo Vázquez Montalbán y sus vegueros, sus cuplés y sus cantos épicos a la Barcelona que coincidimos en amar desde muy distintas perspectivas. El recuerdo de Manolo es la común escarapela con la que nos acercamos a José María para desearle larga vida, y reconocer y aplaudir lo mucho que hasta hoy ha hecho, en tantos terrenos y direcciones, por la poesía y por la cultura.

CASTELLET, UN CLÁSICO DE LEYENDA

por

ANA MARÍA MOIX

A veces me pregunto cómo pueden arreglárselas los jóvenes de hoy en día que aspiren a acercarse a la gran y eterna pregunta que Carlos solía plantearse en voz alta tan a menudo: «Come he fatto el sapere? Ah! Qui lo sa!». Me pregunto cómo pasar de la inopia avasalladora y pretenciosa de la primera juventud a una mínima solvencia intelectual, basada siempre en las ansias de un conocimiento cribado por la crítica y la humildad, sin el trato paciente y a la vez pedagógico de personas como Josep Maria Castellet, Jaime Gil de Biedma, el propio Barral o Rosa Chacel y Pere Gimferrer, entre otros. ¿Qué ha hecho este país, qué hemos hecho, para que los hoy jóvenes escritores se vean condenados a crecer sin el magisterio, siempre disimulado tras la simpatía, la ironía, la diversión e incluso la juerga, para que personas como las que acabo de citar tengan, hoy, sus sucesores en el triste, aburrido y mediocre panorama cultural en el que vivimos?

A finales del decenio de los años sesenta, Josep Maria Castellet era ya un mito. Los jóvenes poetas de fuera de Catalunya llegaban a Barcelona para ver al *mestre*; llegaban, no diré que en autocar, pero sí en viajes organizados adrede, por tres, cuatro, cinco jóvenes escritores, cuyo mítico itinerario consistía en postrarse reverentemente ante el, como lo llamó alguno de ellos, «Príncipe de la poesía española»; intentar que alguno de sus coetáneos (con residencia en Barcelona y que, más afortunado que ellos, tuviera acceso a la editorial Seix Barral) les colara en el despacho del editor Carlos Barral, y acabar la noche en Bocaccio para regresar a Madrid, o a donde fuere, con la fantasía de haber pisado Europa. Por aquel entonces, Castellet era el crítico literario por excelencia: *La hora del lector*, su ensayo sobre Marcuse, su libro sobre Josep Pla, su estudio sobre la poesía de Salvador Espriu, sus artículos sobre narradores europeos modernos, no sólo daban noticia e iluminaban las obras de los autores sobre los que versaban, sino que lo hacía aplicando métodos críticos absolutamente novedosos para el país (¿quién fue el primero en hablar de Lukacs o, posteriormente, de Saussure, por ejemplo?). Pero, sobre todo, eran sus antologías y sus declaraciones lo que encendía las lenguas de los corrillos literarios de la época. De su antología de la poesía social, en la que había dado entrada, mayormente, a los poetas que se habían creído que con la palabra escrita era posible cambiar el mundo y a sus gentes, Castellet había pasado, al cabo de los años, a agrupar nueve poetas, nuevos, que incluían citas de poesía en sus poemas, o eslóganes publicitarios, o versos de Leopardi o letras de canciones de Conchita Piquer o de los Rollings.

Con el tiempo, he llegado a la conclusión de que en la antología *Nueve novísimos poetas españoles* en realidad sólo había dos novísimos, que, además, no estaban incluidos en dicha antología: el antólogo y el editor. Es decir, Josep Maria Castellet y Carlos Barral. Creo que con aquella antología, a través de aquellos nueve seres, entonces imposibles, se desprendieron, con suprema alegría, de lo que, veinte años atrás asumieron, por obligatoriedad histórica, y que, con el tiempo, los había casi arrastrado a una sepultura anímica cuya losa sólo podían levantar nuevos aires en dirección a la alegría perdida. ¿La recuperaron? Creo que no. Es difícil recobrar la alegría, en el supuesto de que se haya alcanzado alguna vez. Pero buscarla era, entonces y ahora, un deber moral.

Los medios literarios y culturales catalanes se escandalizaron cuando, en el año setenta y pocos, en una entrevista firmada por Baltasar Porcel y publicada en la revista *Serra d'Or*,

Josep Maria Castellet, tras unas respuestas graves, concienzudas, en las que pasaba revista de su trayectoria crítica, ideológica y política, acababa con una llamada en verdad provocadora: «Lo que nos falta es la alegría». Bien, nos sigue faltando. Y me refiero a esa alegría que es alimento espiritual y crea ilusión y crea justicia social y libertad y crea arte y hace que el mundo se mueva como es debido. Pero entonces, como ahora, la risa, esa clase de risa, estaba penada en España. (La izquierda, la ortodoxa izquierda, encarnizadamente castrista, escondía las fotos de Fidel Castro riéndose a mandíbula batiente tras el triunfo de la revolución.) Josep Maria Castellet fue uno de los mártires de este país que, entre otras cosas, nos enseñó a reír. Lástima que pocos aprendieran la lección.

En 1970, cuando se publicó la antología de los novísimos, Castellet era un mito. Un hombre apuesto, sabio, sereno, cuyas presentaciones de libros o de exposiciones de pintura se llenaban de mujeres que iba a admirar la oratoria del *mestre,* y de jóvenes que querían ver de cerca y cercionarse de que sí, de que, en efecto, existía. Josep María Castellet, ayer leyenda, es hoy un clásico. Algún día, quisiera, imitando sus espléndidos retratos compilados en *Els escenaris de la memoria,* acercarme por escrito a la figura humana de este hombre a quien, pese a haber tratado y querido tanto, tengo por secreto. Sólo así, quizá, podría revivir momentos tan decisivos para mí como fueron los pasados con él y con Isabel Mirete, tan presente entonces, en esta antología, como hoy y siempre.

ACERCA DE LA POESÍA O SOBRE MI MAESTRO JOSÉ MARÍA CASTELLET

por

LEOPOLDO MARÍA PANERO

«Toute l'écriture c'est une cochonnerie», dijo Antonin Artaud citándose a sí mismo; y ello por cuanto la escritura no dice la verdad. Ahora bien, como dijera Johnny Cash, «is very, very easy to be true», es demasiado fácil decir la verdad, y la verdad duele. Es así que la poesía es o debe ser un secreto entre dos, una palabra a medias, una mentira atroz, una revelación sin medida. La poesía debe ser más atroz que la realidad, debe tener una dulzura atroz, porque, como dijera Clément Rosset, el principio de realidad—me refiero al principio de realidad freudiano—es un principio de crueldad.

Es así que la palabra «poesía» viene del griego *poihesis*, que significa enunciación, y es lo que llamara Wittgenstein un *acto de lenguaje*, una palabra en el vacío o, como dijeran los estultos, una *creación*.

Por ello la escritura se parece a la locura, y toda poesía es un delirio, como la palabra es un delirio entre dos. De manera que sin lo que Bataille llamara comunicación, la palabra es un enunciado vacío, y como dijera Mallarmé: «La palabra vacía es una moneda, cuyo cuño se ha borrado, que los hombres se pasan de mano en mano, en silencio».

Palabra plena y palabra vacía, escribir acerca del delirio de la vida, suicidarse y seguir viviendo, como dije yo en uno de mis poemas, no sé si citando a Nijinsky.

Y es que el hombre es un ser feo, un animal deforme creado por el miedo, un ser que habita en la oscuridad, una criatura de la noche, y nadie tiene las llaves del reino.

Es de esta forma que la palabra Jesús significa, traducida al francés, «Je suis», yo soy, yo soy un hombre que es todos los hombres, yo doy un delirio en el vacío del verbo. Y es que, como dijera yo en la poética que diera comienzo a mis poemas en los *Nueve novísimos*, «vivo bajo la fantasía paranoica del fin del mundo, y no sólo no quiero salir de ella, sino que pretendo que los demás entren en ella. Porque todo poema debe derivar del verso de Yeats «The second coming»: «Qué bestia horrible va a nacer ahora en Belén».

Y es que, como dijera Michel Leiris, en su obra *La literatura considerada como una tauromaquia*, «me constituyo como un hombre cuando a solas me rasco el culo».

Sigue leyendo...

Descubre la serie *Tal vez* en Booket: